甲乙丙丁

十七個寬容等待的教學故事

甲乙丙丁

十七個寬容等待的教學故事

凌拂 著

【專文推薦】

不只是園丁的教師旅途

楊茂秀（毛毛蟲兒童哲學基金會董事長）

遠流的編輯孜懃面容帶喜拿著一個牛皮紙袋來找我，我知道一定是好事。果不其然，她邀我做凌拂的書《甲乙丙丁——十七個寬容等待的教學故事》一書推薦人。好耶！

好久不見凌拂，卻總是偶爾就想起她的人與她的故事。她的這些故事，我在私人或公開場合都聽過好多遍，從有木國小聽到台北市，聽到毛毛蟲的圖畫作家，還聽到教育部，而形成文字之後，卻不記得曾經看過。

如今重新接觸，凌拂說故事時的神態、語氣，以及故事中的意象、意義及喜樂，歷歷在目。凌拂的心中真的有很多小孩，而且一個個是獨特的人。這些小孩的故事，經由文字，卻又有了另外一番新滋味。

這新的滋味，彰顯出凌拂本身做為實際接觸、陪伴、教育小孩的基層教師日日夜夜的省思之旅。我原本就認為，一位老師應該是一位教育藝術家。教育藝術家的養成絕對不比一位醫師、律師、企業家或建築師的養成更為容易，除了需要孩子與孩子父母的諒解之外，更希求這個社會的生態容許他們能在心中擁有一個大草原，讓他們的心得以自由奔馳；奔馳中，又要能時時停下來，仰觀天、雲，低頭檢視地上的蟲子與小草、小花。明白一點來說，教師絕不只是園丁，他們也是植物學家、昆蟲學家或至少是對萬物好奇的博物人。他們很好奇，而他們好奇的不只是外在的事事物物及它們之間的關係，他們也好奇於自身內在心靈的「旅途」。

凌拂的「旅途」歷經數十年的教改，卻始終都蹲在教育與文學的園地。她的故事，像我這七十多歲在台灣鄉下長大然後退休的人看來，真是非常感動。我相信我們社會中新生幾代的新手父母、教師，只要是真愛小孩的人看了，也一定會開始去讀讀許多她在文中推薦的書，例如〈法布爾昆蟲記全集〉。

這書的稿子在我書桌上，我一讀再讀，發現凌拂如今到處演講，參加工作坊、教師研習等活動，他的努力在我看來，是為這個凡事急功好利、短視、沒有政策的教育體系，提供了目前台灣最需要的「以藝術為基礎的教育藝術」。他真是一位「思考如山」的當代教育「聖之時者也」。她讓我想到孔子與弟子閒談時曾稱許過的教學情景：在風和日麗的日子，帶著一群小孩，穿上寬鬆的衣褲在野外玩耍、閒逛。這孔子版的理想戶外教學，就在她的故事中一一呈現。

【自序】

我們需要的是一些故事

(1)

總觀教書一生，三十年。

從鄉村到都市，從深山到海濱，我班上人數最多的一年擠到七十二人，最少的一年只有三人。既經歷了台灣五、六〇年代的閉鎖，也經歷了台灣八、九〇年代的教改風潮。波濤襲捲，整個島上的驚濤駭浪滾滾一時，然而關於教育，其實從來沒有超出政治的算計。推諉於短視、急功、近利，都已老到了無新見。許多事暗裡觀之，也只能善自警惕。

集結這本書，為我自己，也為當年的點滴留下一些蛛絲馬跡。而今，時過境遷，回顧之際，雲煙隨風，恆長的只有某些存在的情質。篇目攏齊，還有一些餘溫，歸田之際，也算稍稍引得一些春風微度，玉門那頭自有來人，我的這一頁是翻過去了。

船帆盡處，把探紅塵，即便不為任何操煩，到得終了也要青絲衰敗。想我長時以來，往往有一搭沒一搭，一句話也可和孩子繞行很久，我能在工作中找尋自己的快樂，這是孩子有恩於我。但必然也有我錯待過的孩子吧，某些惦記的至今還在心上，有心、無心都得懺悔。如是，鬢髮霜白又算得什麼！摯心等候天罰，俯首償還，我吭也不吭一聲。

若再總結，絮語一二，我兩指拈花，畫下一道眉批：

早年不懂得孩子，因為不懂得生命。

後來生命日有經歷，遇到的失落與挫折多了，回首之際，發現日漸懂得了孩子，原來是因為懂得了生命。這也是我個人的成長。

生命從青澀裡來，體會到個中極處，對孩子極度寬容，是因為對生命不忍。同緣於此，後來的幾年我與孩子適度疏離，因為我很清楚地知道，我要轉向另一條路去了。

(2)

一九九五年我調離山中，三年後，有一次回返山區，探看一個家庭突起巨變的孩子。回程車行途中，我車速不快，但亦不慢，不意竟見〈我的身體我的命〉裡的阿中，山路上他手推腳踏車，單腿跨置車上定在路旁。我猛急煞車，搖下車窗探頭喚他。他小二升小三那年我離開，眼下五年級身形，長高不少。他初時一愣，定神之後顧不得反應，急急一推，把腳踏車置倒路旁，便向我衝來。那一幕圓滿了我離去後的一段懸念，他的神情過度意外後的驚詫，至今在我心中已成定格。

道途一程，聚散容易，存留心中的往往只是一種情境。它像空氣一樣，看不見，摸不著，只能靠感覺，可是它最重要，沒有它，就沒有豐富的想像與創造。這情境需要等待，但不知待到何時，所以不大容易立竿見影，非常耗費心神。四兩撥千斤，那個巧妙的著力點端在個人領會，要生命、要時間慢慢地試，一如大匠能示人以規矩方圓，不能示人以巧。但是領會這個巧字，會創發故事；角落情境，點點滴滴都是生活，需要等待，也需要覓而深思，保持前進，並且隨時要在定位之中。

書中的手繪人文地圖，原為家庭訪問之用。我把學區放大，以此對照相鄰市鎮，希望孩子能從自己的位置看到世界，也從世界觀照到自己的所在。後來有機會，我出入全台許多小學，好些學校幾乎都設有一幅從己身走向世界的地圖，也以小觀大，各校蔚為所需。嘉義有一所國小，甚至把世界地圖全幅開展，設計在校門口的大地上，讓孩子一入校門便彷彿踏上世界，將自己對比在壯麗的五大洲之中，很有其象徵意涵。無巧不成書，時間的順序，是個有趣的巧合，其原初概念無論發想於何，跨上那地圖我都心生浩闊、歡喜與讚歎之心。

(3)

凡事不可多有表演之心，一貪表演之心便不足觀，何況教育。

教育若要生根，它和文化問題是一樣的，本質裡的陶養才是重點。相對於「制式的改革」、「一言堂式的改革」、「展演式的改革」，雷厲風行只期收穫於立竿見影，潤澤我們的應當還是一些生活中交會的故事吧。

集體共震與集體捐輸忠誠，並無法發展出人類的愛。人類的愛是一種情境，情境不在，不要妄想愛可以用教的完成。

回想那一段時間，民間的意識澎湃激昂，為教改走上街頭，森林小學、種子學苑，乃至全人中學，都相繼成立於那個時期。

努力給孩子堆砌一些生冷的知識，不會比從容和諧地坐下來，溫暖地聽孩子談一些心中的話重要。而我們的學校情境是，教師被瑣碎消磨，兒童被集體壓縮的規格消磨。

當年的震盪，雖時過而境未遷。一九九四那個年代，偏遠地區還嫌師資不足，教師異動頻繁；二〇〇六年卻教師過剩，形成的流浪教師潮，還真是令人難以預料；如今進入十二年國教，另是一番波濤迭起。變化之速，更深刻地印證了面對孩子，唯一可以深植、長存心中的只有互動的情質。相隔多年，台灣社會到底往前行走了多遠，每個人都可以給個不同的思考與論斷。

生命是一條遠路，或三、四十年，或七、八十年，艱苦、創楚、一步一步地走。這其中要學會自在，自己自在，還要別人自在。之於那種從容、緩慢且睿秀的學意情境，我不是那種一上舞台就百分百的老師，遊刃有餘，我常在道途之中。但是下得舞台，唯有的，我對故事，那些生活中共同創發的故事，多有某些依戀，深致感恩的依戀，令我直想摭拾一些春綠，絮絮說與人聽。

教育不過就是生活。教育其實只在生命的對等交會。

我們太過於展說是非與道理，實則我們需要的只是一些故事，許多難解的事，因為沉重，在生活與故事中才能得到滋養與啟發。

而今，下得舞台，亦如伶人出戲，我寫的是也不是他們。點撥關鍵，巧字要起作用，在自我內裡要不斷的深致揣摩，願意反省，也願意修正與退讓。過來人，我如是回首。

目錄

01

深山教學手記

入山的第一年是日日赤手兜著二十五個蘋果走山路，拾了這個，溜了那個；撿了那個，又滑掉了這個，就是找不到一個大袋子。但是，也因為這樣的顛覆，在逆行中重新思考，別有領略，有了新的體悟……

人文地圖

我攤開一幅自己手繪的簡略地圖，以學校為主，上面繪註著學區內的山川形勢。我們這個學校是個深山裡的偏遠小學，如果把學校縮小，以地圖上五十萬分之一的比例繪製，當然，根本找不到學校的位置。不過，學區的所在是一個綜合性的休閒遊樂區，統稱有木里休閒農場，是北插天山的入口。周圍彩蝶谷、樂樂谷、蜜蜂世界、山中傳奇、滿月圓瀑布群等，皆是重要景點，由這些響噹噹的名字，就可以想像例假日時擠滿的人潮。水泄不通，人潮洶湧，我們這個學校——有木國小，便在其中。

有木里在台北縣三峽鎮（現已改制為新北市三峽區）的東南邊陲，與烏來及桃園復興鄉相鄰。三峽鎮的北端則緊連土城、樹林，東接新店，西接鶯歌、大溪，是位於淡水河流域上的一個古老小鎮，除了少數狹窄的平地，全境百分之九十均為山地。

如果以學校為主，把學區放大就不同了。圖上群山萬壑，層巒疊嶂，只以兒童為主，清楚標示著全校每一個兒童的家。荒山裡以木板、石材疏落搭起來的山屋前，一一寫著兒童的名字，有的一戶一名學童，有的一戶三、四、五個名字；山區居民疏落而居，堂、表、兄弟姊妹往往就自成一個聚落。

有木國小學生家庭訪問路線圖

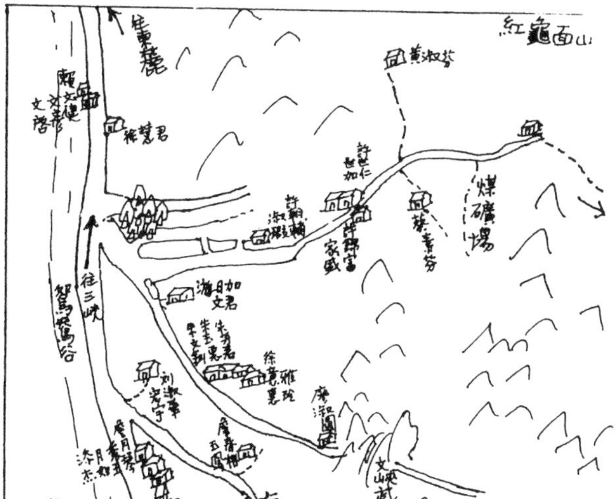

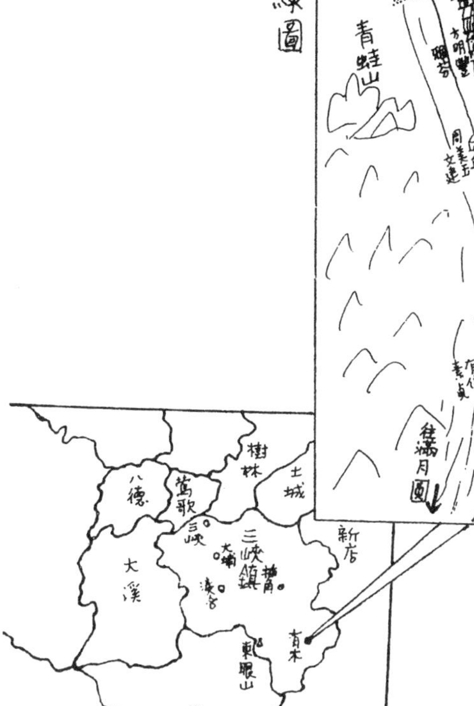

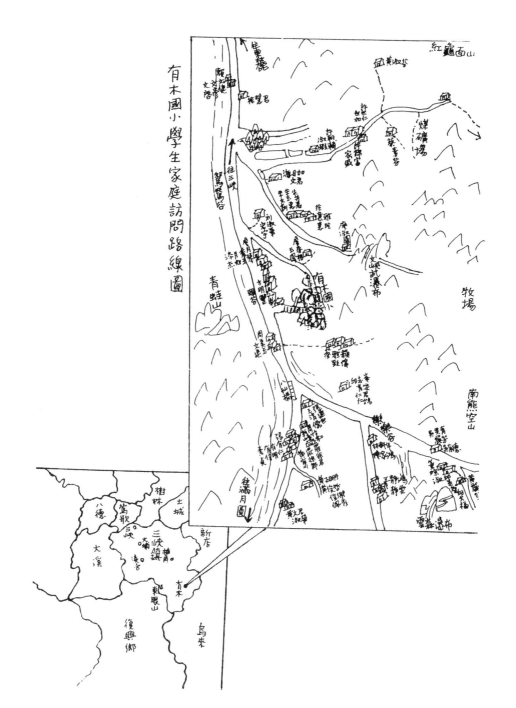

站在地圖前，可以看到最渺遠的東麓連峰，在一九八七年九月，我初來那年，山谷裡的人家是山裡最邊陲的學區。住在東麓連峰裡的小孩，步行上學需要一個半小時。寒冷冬天，我還在宿舍裡沉眠的時候，昏暝的天光裡，群山間已有兒童奔著小腳在道途之中。初來那年，踩著荒沒的小徑家庭訪問，課餘尋山似的，一個下午只到得一戶。

學校在大豹溪上游，隔著溪水與青蛙山相對，熊空在東，紅龜面山在北，東眼群山在西。陸路順著水路在其間蜿蜒，與大豹溪偕行而下，山路迂迴，到得山腳最臨近的鎮上也要十七公里。學校坐東南南朝西北北，我的宿舍就在校園偏北的末端。後山是橘園、竹林，山坡上的四、五戶人家到坡下搭車、購買雜貨、外出、歸來，開始和結束都在我門前經過；因為這樣，我這裡儼然是一個荒山裡的要塞樞紐。

在山裡，孩子通往學校的路曲曲幽幽、寂寞而長，攤開這一張以兒童為主的簡略地圖，讓人清晰地看到山裡每一個位置，全校學生都在其中，老師靜置圖前便可盡納學生於眼底。如此，距離的遠變成了心靈上的近、遼闊中的清晰，學生散出去的每一個點，都在老師的定位之中，以手指圖，就一根手指日日伴著學生翻過一山又一山，不僅老師看得到學生，更重要的是學生看到了自己的位置，一山一水，學生將由此走向世界。

初來印象

我原來服務的學校在板橋市（現改制為板橋區）海山國小，一九八七年八月以為求耳目清靜為由，申請調離都市裡待了八年的萬人小學。那是一所很大的學校，人很多，空間不敷比例。每天早上的升旗，各年級要逐日輪流出來參加，星期一、三、五是中年級，二、四、六是高年級，一、二年級的學生則在走廊下，要等到升上了三年級始能站到操場，看見國旗飄揚。這種現象的荒謬，是站在後排教室的低年級兒童完全看不到前排中庭操場的活動，無論訓話、演講、頒獎，只能聽聲音，聽到喊立正時立正、稍息時稍息、鼓掌時鼓掌。一下課，走廊上下都是人，那種感覺，桑間陌上，三百篇中的男男女女都走出來了。我在那裡人數最多的一年，一班教到七十二人。

那時的學校已經太像一個大型的養雞場了，一層一層的教室堆疊起來，只有飼料沒有空間，都市兒童愈來愈變成機械式的填鴨生物了。而偏遠地區的兒童呢？偏遠地區的兒童贏得了空間，空間裡卻留置了太多的曠廢。

來到三峽的深山，當是意外中閃現的機緣。一九八六年的中秋節夜晚，乘興和朋友騎機車沿著山路前行，大雨中進入山區，當晚全山只有我們兩位遊客，由於道途陌生，全黑中便在鄭白山莊過夜。在當時，那是北插入口唯一的夜宿山莊。凌晨，雨停了，兩人出來散步，沉黑裡群山充滿水意，整片竹林濛濛地覆著一層水珠，耳裡盡是水聲，我至今記得當時朋友說：「『山中一夜雨，樹杪百重泉。』王維說的應當就是這種景色了。」整個山區像睡著了一般，安寂清華而且水意沁涼，這個深宵山夜引動了我恆久以來，潛伏的對都市的厭離與疲倦。

第二天，我們沿著山路向外邊走邊玩，到了附近一所很小的小學。因為有著習慣性地閱讀各個小學，就走了進去。全覽一圈，走近學校旁的宿舍，探視裡面，發現房子裡面破破爛爛地堆滿了雜物，屋門敞著，像是一個無人管理的倉庫。就這樣，翌年暑假申請調動，便騎機車入山教學，住進有木國小的「倉庫」了。在海山國小之前我未曾進入市廛，服務過的學校全在周邊，包括最偏遠的東北角海岬以及鄉村、平原、山腳。重回山中，面對即將展開的生活，心中並不陌生，嚴重陌生的則是學生，日後種種，他們給了我心靈上極大的驚愕、顛覆與思考。

搬進去的第一天是八月三十日，離開學僅有兩日，我即將接手的六年級學生返校打掃，得知我就是他們的新老師，特來相望。陌生裡初次見面，他們一群人，嘻皮笑臉的七、八個，推來推去，大聲喧譁，在互揭瘡疤中給我的第一句話是：「老師，我們這班很壞唷，教我們你會哭喔！」我在深山裡的一切就從這句話開始。

後來我知道，說這句話的是阿重，現在已經做了城市中的水電工人。他本分、溫和、不愛念書，覺得自己壞是因為環境裡的價值導向。他當時這樣告訴我，其實是有著羞澀的自我否定。

教學情境

九月開學，全校六班，一三一人，自六年級開始，各班人數分別為二十五、二十二、二十二、二十七、二十、十五。升旗時全校站在操場上，還不及我原來學校的兩個班級，寂寥而冷落。頭頂上密密麻麻，是一群低空盤旋的黃蜻蜓。我在藍天下仰面，那時正值解嚴之際，小腳初初放大，還充滿了種種不信任的疑慮。風雨欲來，一切要鬆動的已露跡象，但許多事依然抱殘守缺，伏在欲動未動之間。低空盤旋的黃蜻蜓像個萬花筒，薄翅在陽光下分色，每一移動就出現新的排列組合，我不斷被推進散點游移的新視角。在教了十幾年書後，在這樣一個寂靜而遼遠的山谷，我聽到了入山以來的第一個笑話。

現在已做了校長、當年和我一起來到有木的教導主任，因為打掃的問題對學生訓示：「有木國小的小朋友只需要有禮貌、會做事，不需要會讀書，當年鄧小平還和蔣經國是同班同學，一起在俄國留學，可是他們統統都做了共匪。」山上的白頭翁也饒舌，不停地在樹梢叫著「大主教，大主教」；黃蜻蜓不知道聽得懂、聽不懂，而我，知道自己從此不必再看《笑林廣記》。現世裡的笑話是鬧不完的，只從周邊擷取就足夠捧腹了。小腳放大，這樣的閉鎖其實一直不自覺地在人的下意識裡重複著。

我班上二十五人，男生十四，女生十一；六年級，一個棘手的班級，沒有人願意接手，所以給了新來的老師。

初次上課，我靜靜坐下來，一一把他們看定，一直看到他們面面無措、羞澀相覷起來。原始、生猛、無明、亂糟糟，小孩的天真未必全然令人喜愛，那時我對他們陌生裡有著徹底的錯愕、從來沒有過的突異。後來果然證明，二十五個人並不比我都市裡的七十二名容易面對。他們一個個骨頭生角，這不會，那不會，從來不知道什麼叫做正常上課。我站在台上，一把芝麻散成二十五個聚不攏的點；已經都六年級了，而今落在我手裡，什麼都還沒有開始。

上課時七、八個男生不在，教室裡的學生則對他們的動向瞭如指掌，顯然早已見慣。我派學生到各個角落把他們一一找回來。他們下課時嬉戲，玩是不能省的。上課時，擦油漆的擦油漆，挖垃圾場的挖垃圾場，澆花的、剪枝葉的、拔草的，自動去哪兒都行；一臉無辜，就是不進教室。

我在都市時，學校一再強調的是教學正常化。那時，小學教育還沒有發展到森林小學那樣思考到小孩是不是一定要上課的問題。仔細了解之後，發現已是行政導向上的問題，當時學校最注重的是校園的整潔，也就不難想像升旗時，為何教導主任會有那樣一番訓詞了。當時只要有人來訪，無論芝麻綠豆，全校就進入緊張狀態，打掃工作一早做到十點，估計訪客抵達的時間差不多到了，麥克風裡才廣播兒童進入教室。再者，當時的工友嗜酒，學校給他的工作，他如數轉嫁給學生。當時，所有的小孩確實都是會做事的，面對訪客也確實都是有禮貌的；這就是了，然而它對我是一個極大的刺激。教書十幾年，走了許多學校，怪現象不少，又增一樁極大的悖謬。

面對二十五人，有人不會念書，有人從來不開口說話，有人還不會九九乘法；書太深了，都不懂。一個國語只有二年級程度、數學只有三年級程度的學生，如何去讀六年級的課本？我是有要求的，當我嚴格告訴他們我的希望和即將的做法之後，小孩也無言語，開始相互配合。同時我告訴上課時在窗外擠眉弄眼、喚小孩外出工作的工友先生，小孩以後不再做他的事了。

這才開始了另一層、一步一步都令人嘆息的教學互動關係。國語課，一個程度不錯的孩子開始舉手發問：「老師，往上撇是第二聲還是第四聲？」數學課，依不同程度雙線進行，新的課程各按能力勾出適當的部分習作，另一方面再回頭過去，學習舊經驗。學生不用功嗎？不聰明嗎？曠廢是學習最大的障礙。那一年，依程度分智、仁、勇三組，二十五人用了三種試卷。放學後依個人意願輔導，忙到五點，日頭已到山後，校園裡降下一地一地的山影，然後我陪著他們一起走入群山。他們一行人在黃昏的山色裡走向回家的路，我則散心，在路上聽他們婉婉地告訴我許多事，當時除了靜靜的山，以外的世界都不存在。

台灣近幾年來變動實在太大，無論什麼都可稱「飛速」二字。那一年，喪氣的時候我常對他們說，我寧願出去教外面的五十個學生，而今想來頗覺嘆氣。一九八六年前，此地旅遊事業尚未成風，比之今日，山中還近乎封閉，無論交通、經濟皆差現在甚遠。我說的都市對他們來說不僅遙遠，還簡直抽象。進出一趟三峽都費周章，我的代步工具是一輛五十ＣＣ的機車，現在想來自己當年的話，眾山寂寂垂落，日影照過樹蔭，斑駁灑了一地碎片。

我嘗比喻入山的第一年是日日赤手兜著二十五個蘋果走山路，拾了這個，溜了那個；撿了那個，又滑掉了這個，就是找不到一個大袋子。但是，也因為這樣的顛覆，在逆行中重新思考，別有領略，有了新的體悟，對我個人的教學經驗是一個全新的契機，看到了不同的角度。曾經我太輕易擁有一個袋子，毫不費勁，一次裝滿可以提起四十、五十，乃至更多的七十二個蘋果，空間的壓縮，只有一統而無多樣，兩相參照，在山上多出來的空間，讓我輕易看到兩兩都是人為環境的變形。

阿甲、阿乙、阿丙

一九八七年，那時一個六班的小學編制是校長一名、主任兩名（教導、總務各一）、教師七名、工友一名。我來的第二年，學校人事大更迭，校長任滿他調，同時調走的還有甫滿一年的教導、總務主任以及兩名教師，全校人事替換了一半。偏遠小學向來教師流動率大，山區生活有著種種不便，自是可以理解。然而對於當年留下極想做事、使教學落實的一群教師而言，新血的替換輪注是一個極為重要的契機。一九八八年新的人員組合，學校裡充滿了新的斑斕色彩，動勢增強，學校有了另一種導向。

山上兒童程度普遍低落是事實，基本學習上的曠廢讓六年級的小孩不會念書，四年級的小孩要倒回頭去把一年級的注音念好，五年級的小孩要倒回去把二年級的乘法學好。不過，可不是像倒影帶一樣，這個「倒」是要迎頭趕上，一邊還要急起直追新的進度。一班人數比都市少了一半，問題還是那麼多，一樣的一天工作，一樣的一天課程，有興味的是，因為人少，關於學習過程，常常看到了看不見的背後。也因此，學校裡充分利用了動態的兒童朝會與靜態的文化走廊，由老師為學生精心設計了一套完整的專題活動。每週二語文活動，週五科學知識，利用短短的十五至二十分鐘，知性感性並重，以學生為主，由全校老師輪流對學生做最有系統的腦力激盪。點滴匯聚成河，積沙可以成塔。學問和經歷都不是一天得來，當時我們不寄望在學生身上求得立竿見影的效果，只求落實去做。

山裡孩子資質真的那麼差嗎？我懷疑，所以後來我選擇了一年級，從頭帶起，想去了解基礎學習的過程。

而今，到山上八年，所教過的小孩有的還在身邊，有的已然做了爸爸媽媽，面對成長中的生命，重新倒回頭去，一如曲曲幽幽的山路，是非經過不知難，點點滴滴卻是一步一步走過來的。基於種種情由與尊重，孩子各有特質，因此在提到所有與小孩有關的學習情境時，謹以阿甲、阿乙、阿丙……名之。

山上小孩多半入學一年級才開始拿筆，一個個小生命充滿了飛禽走獸般的特性，一時趴在桌上，幾乎都成了爬蟲游魚。阿甲寫一個字，三筆兩劃可以從早上一直寫到中午，我一定要在他旁邊看著他寫。一個格子裡放一個字，他嚴守分際可真不容易。他寫一個「哪」字，先下筆往往正大四方，一個口字占了滿格的三分之二，「冃」的部分就只好用力擠入右邊窄窄一點偏僻小巷，「阝」呢，沒有地方放了，便騰空落進「口」與「冃」的中央下方一點空隙。他的特點是絕對不出格子，不多一筆，不少一筆，但是關於位置，他是範圍之內反正各有特區，有空隙就塞得進去。看阿甲的字，得意時不禁大笑，失意時被擠成冤案也行。這個偏遠山區草芥易生易長，對阿甲來說，反正窩到哪裡都一樣安穩。由此，阿甲在生活上的拖沓、鬆懈與不求精準，凡事差不多，又不太過踰越規矩，幾乎成了他潛在的動靜根由。這以後，我看了他六年，到中、高年級以後個性特質更顯，但大致不出他寫字的那個範疇。

阿乙則每天交來一本溼溼的泛潮的本子，裡面黑黑的像素描淡淡彩了炭粉。字跡長年模糊在潮暗的髒裡。她家一群小孩，年齡由五歲至十一、二歲逐年不等，日日打得哀哀嚎嚎，渾而性野。一群兇蠻小子就她一個是女生。課餘，我回回去她家看她寫字，她趴在正廳溼溼的已經被踩得發亮的泥土地上，那是她的書桌。屋裡一群動物與人共生，她身邊一會咯咯咯咯來了一群母雞小雞，一會咕咕嘎嘎來了兩隻鴨子，一隻老狗，加上她的瘋狂兄弟，樹上還有一隻猴子。穿梭來去，真個宇宙洪荒，雞飛狗跳，諾亞的方舟就要來了。我蹲著看她寫字，她寫寫不時抬頭看我傻笑，少了兩顆門牙。羊兒吃草踱了進來，咩咩咩咬起她的簿子向外拉，她不時伸手推推羊頭，寫兩個字，再推一次，再寫兩個字，大聲用台語喝斥：「走啦！」

大地是她的書桌，她動作一直在反覆之中。我踱出來，想那本子一定還有草味，羊兒還識得它的前身。原來我每天改的發潮的本子，其中一大半是大地的水息，一半是羊兒的口涎。萬物眾生都在這裡直見性命，難為只有她認真學會寫字，伏地學習一樁文明事業，她的幾個哥哥可是從來就沒有好好交過一篇作業。

阿丙呢，阿丙交給我的作業可只有一半。我問他另一半哪兒去了，他只笑而不答。我說下回不行啊，他很高興，用力點頭，有點赧然。

中午放學後我去他家，他家可真安靜，所有的人都上工去了。深山寂寂，遲遲午後我和他並立，像深山茂林中的兩株靜靜的古木。

我說：「阿丙，你家這裡的山真漂亮。」他說：「漂亮那你就天天來看山啊！」

他搬了兩個矮凳子出來，一個給我，一個給他。又搬了一個高凳子出來，就伏在圓圓的凳面上當桌子。他寫字，我看書，高高的群山裡矮矮地蹲踞了兩個人。久久久久，午後山區漸漸要落陣雨了，疏疏一滴兩滴打在書上，啪嗒，啪嗒，溼溼一個大水印子。我沒作聲，雨漸漸又密了一點，他說：

「喔！下雨了。」

我依舊沒有作聲。他低著頭看著本子，雨一大點一大點正在淹掉他的字。他更揚聲：

「喔！好大點唷。」

我依舊沒作聲，但我知道我的書上，那雨已經串連一片。他再也忍不住了，更大聲叫道：

「哇！老師你看，我的字都不見了。」

我們回到屋裡，他一點一點用手揩去水漬，告訴我昨天簿子少掉一半，就是下午一個人寫字睡著了，口水流出來，啊醒來用力一擦，那一塊就掉了，放在口袋，啊衣服又被媽媽拿去洗了。

多麼婉轉曲折，他慢慢一段一段說完，一臉不疾不徐笑微微。那在他是情境，一切只在他想講而已，完全不為我提供答案。我聽著卻像一段開元天寶的故事，悠悠忽忽從頭開始，半張紙片的情節卻像一部二十五史，連牽，複疊，好不容易，總算可以從容填補我的疑竇，多麼合理而且當然。然而天外飛來一筆的情境，全然不可預期，我聽著心下沉然默無一語，動容卻只能對著小孩微笑，這樣的情境不常存在我們擁擠沸騰的教育環境之中，我們的教育情境容不下這樣大的空間，也容不下這樣長的時間等待一個不甚重要的結果；所有的結果都要立竿見影，情境是不存在的。

阿丁

關於阿丁，打從他一歲在山裡爬行開始，我就認識他了。

阿丁的家和學校毗鄰，山牆生草，裂割許多縫線，年代久遠的縫線，塞了許多阿丁的童年，鬧哄哄的全是他不容因襲、衝撞突兀的驚人底細。

約不足兩歲那年，他在家門前庭戲耍，不知為甚，內裡熊熊的原獸嗥起，竟一口咬得他家飼養的小狗鼻頭破血。小狗吱吱尖嘶朝我這頭直衝，他阿嬤聞聲出來，探了半天究竟，才大叫一聲夭壽，把他抱進屋裡去了。

一九九一年，他入學一年級，走過我的宿舍門前，始所未料，我做了他的老師。那一年班上十個學生，他小小個兒，依年齡分卻是最大的一個。

評量冊裡記著他的一切，但是不包括入學以前。我在黃昏裡長坐，完整看到學齡前他每階段的成長，一項項新的爆發與顛覆。

想起我初來的那一年，他初初學會走路，在山坡上搖搖晃晃攀扶野草。十二月冷冷溼寒，小腳在雨裡凍得紅腫，隻隻腳趾都脹得像膨起的熱狗。那麼小的孩子，獨自一人，黑手黑臉，絲雨裡像一頭山野中的小獸。

更大之後，一天，他阿嬤手抄竹枝，在山坡上逐他不到，怒斥、頓足，原來是他拿著他阿嬤縫衣服的細線捆房子。他線頭絆在屋角，線軸攢在手裡，繞著屋外飛奔，圓舞不息，顛狂地笑。

他兩腳忽高忽低，用細細的縫衣線捆綁房子，不是上演英格瑪．柏格曼的電影嘛！用細細的縫衣線捆綁房子，不是讀一頁魔幻奇詭的卡爾維諾嘛！拈線不是用來縫紉，細線長了翅膀，那頭纏著一棟房子，祈願它會在風裡飄。

我看著他無收無管長大。入小學前一年，他到山外去讀幼稚園。每天回來，書包提在手裡，像提了公事包朝九晚五的上班人。見了我開始會說哈囉、穀拜、山寇。簡單的英語，洋腔洋調，粗胚野蕩的風。

一天，他回來早了，我還在上課。他衝進我教室抽出鐵琴的棒槌叮叮咚咚敲得顛狂亂舞。我拿下棒槌請他走，他悻悻然站在牆下，在眾人眼裡被看了出去。

下課回家，竟發現我的車窗玻璃全被刷上深褐色的油漆，像被戴了黑眼罩。他提了我簷下的油漆，拿了我的大刷子，用力踮起雙腳，無數肌肉躍出來，奮勇燦烈。我大喝一聲，依稀能夠辨出一點眉目，他奮力中一臉不馴，為的是要對抗剛才我叫他離開教室的事。

後來，做了我班上的學生，我們開始另一程新的面對，關於阿丁的學習，阿丁的字。

他喜歡把手放在嘴裡，然後填進整個拳頭。別人寫字寫了三行，他才只寫三個。我不責罰他，但絕不鬆懈，很希望他在野蕩衝突中也能夠區分出安定的時刻。

那一年，每天早上我給他們十到十五分鐘的早修，而後可以自由做戶外活動。

在我看來，每天這一點安定時間，對荒山裡的孩子來說實屬必要，培養他們對學習的一點責任感。根據我在山中多年的觀察，他們無收無管的個性很缺乏學意情境，不知讀書、上課為何物。一入四、五年級逐漸野蕩鄙俗，山外的染髮、電玩，種種飆風幾乎有著全面管道襲上山來。相對於空山上的荒寂，成長被阻遏在山裡，五、六年級就已機竅難收了。

阿丁初時還算安定，每天一早功課寫完，他由一年級巡到六年級，後來很快有了新的發現。他找我理論為什麼早上全校都不要寫字，只有我們一年級要寫。他大聲地說，這個一點都不好玩。

而後他開始賴皮。他坐在椅子上咬鉛筆、咬橡皮擦、咬墊板。我拿下來，他把手填進嘴裡，逐漸填進整個拳頭，就是不肯寫字。

一天我說：「今天沒寫完的，中午不能回家喔。」一個上午我們兩人都在臨界邊緣扣玄虛。時間永遠在那裡消失，我像個荒墟，還在奢望他懶洋洋裡如期閃過底限，讓我好過。十二點該死的鐘聲一響，我比他還疲累，卻篤定，宣布阿丁留下來。班上其餘九個小潑皮一起發出一聲：「唉！」眼裡雙雙閃出嘆息。

對阿丁來說，我的決定像打在荒暴大地上的雨，九個人一個一個消失，走廊上的腳步聲，沒有了。底限終於攤開，他內裡原性發狂，驚天動地嚎得我幾乎就要棄下盔甲。可是我終於毅然取出了我的飯盒。他用力嚎啕撒野，一手掃飛了桌上紙筆，看我一眼，我吃一口飯。那情形真是驚險，胃在抽搐，隨著他的尖叫一口一口往下咽，但理性地知道要找出一個平衡的點。他繼續嚎啕撒野，一手摜起書包，摜出內裡所有一時偷安的數學、社會、自然，而後再看我一眼，我吃一口飯。而後，我識破他多餘的尖叫是要鬆動我的決定，終於我放鬆了下來。他這下放地打滾，四肢貼地爭飛，各種驚險飛鏢亂況之後，再來的我都藹然應對而有餘裕了。

他看我安謐裡怡然溫和，後來的撒野耍賴便都不是了。先是哭聲漸小，坐了起來，哽咽相對，這荒山小課室裡寂寂日午，我也是病人初癒啊！

潮水漸平，我說：「阿丁，書撿起來吧！」

他和緩溫順，一樣一樣拾回原有的潑賴，胸脯浪潮起伏猶在。我說：「阿丁，現在怎麼辦？」

「老師，我現在寫不下去了啦！」

「好，那你說該怎麼辦呢？」

「我先回去吃飯，再來。」

他雖抽噎未平，然已見初晴。我領他去把手臉洗淨，抽噎止息，我終於等到他潮平後的安和絮語。時間已經過了一個小時。

安靜下來是阿丁最大的一樁苦事，他尤其受不得別人在玩時他要寫字。這以後，第二天他竟調出了新的方案，他每天一早去學校，別人都沒來時他寫字，別人來時他都從眾顛瘋戲耍。每天六點四十經我門口，窗下必然大叫：「老師起床了，起床尿尿。」我打屋裡看他一個人，書包頂在頭上，梟雄草莽神情，興高采烈，喊叫也只是喊叫而已，告訴我他去得早，喊了讓自己高興。

一年容易，終於過完。就阿丁來論，暑假他又復活，拳頭也不往嘴裡填了，橡皮擦、鉛筆也不咬了，逃離文字，但是暑假裡他積極運作的第一件事是要把我換掉；積極、主動，他要找一個不要他寫字的二年級老師。我則是暗驚他內裡猛浪洶洶，引我深思，第一次開了眼界看他如何奮力螳臂擋車。

暑假來時，第一天他獨闖宿舍，認真、篤定而且大聲地說：「江老師你二年級來教我好不好？我想換一個老師。」他那樣小，聲音那樣大。江老師說：「嗄！我可是很兇的唷，你要想好喔。」他又轉向李老師：「那不然，啊李老師二年級你來教我好不好？」李老師說：「嗄！我可是很嚴格，會打人屁股的喔！」他聲音如此響亮，繞了一圈沒有結果，相對於我寂然地坐在一角看書，孤寂了何止百年。他一臉灰灰打我前面走過，完全無視於我。我和他一樣悻悻然，但伸手招他。

「什麼？」他說。

「開學如果是我教二年級，你不要進我教室喔！」

他幾乎是迅即扭頭，昂然撇嘴不馴道：「你好無聊喔！」

阿丁走了，回他山牆裂割許多縫線的家，表面上我依然深心垂首，避在我的小瓦罐裡讀我自己的書，真空狀態，然而他久久盪動在我的內裡。

開學，我進二年級教室，攔在門口，他嘻皮笑臉往裡擠，兩人都抿唇竊笑，這還能指什麼呢。在他是劫數難逃，總要學會面對薛西弗斯的巨石吧！想起，有時晚上八、九點他來敲我宿舍門，問不會的功課，我伏在那裡看他在我桌上寫字，還真覺得遲日悠長。他在寫字時，我的捕蚊燈每捕到一隻蚊子，他便擊案大叫：「啊，又擱掠著一隻。」他那山野習性，要他靜下來寫字，確實比拿鋤頭還難。他是野性原人，我對他深質含容，在內裡別有琢磨，實是因為深山毗鄰，與他交手不在一朝一夕。初來之時，他正習走路，最需要安全感的時候，家裡常是一個大人也無。一切落在眼裡，在他的天地之初，僻遠荒山只有我看著他這樣長大。

城鄉比較與激盪變化的教育環境

回想初來偏遠深山之時，一班二十五人，羨煞了我都市中的同事，可是我從來沒有覺到人數少了一半，事煩也隨之省去一半的輕鬆與歡暢，反而陷在補救教學的繁瑣工作裡，個中苦辛實有過之，不足與人道盡。不過話說回來，還是拜人少之賜，才能有多餘的空間重新規畫補救教學的工作。行政導向對兒童學習的輕忽可以看得出來，重視表象和對上級單位的附和，關係著校長的升調，實有著密不可分的弔詭；這在我來到有木的那個一九八七年，或許以迄現在，我們仍停留在要治「大」校，而非要治「好」校的觀念，所以曾經先有老松，再有後埔、秀朗等舉世最大的萬人小學。舜何人也，禹何人也，後埔的校長何人也，秀朗的校長何人也，有為者亦若是。「大」象徵什麼？這是我們教育界的升調文化。

迄今以來，台灣的變化何止太大，無論各方面都處在風潮的頂端，這樣一波波的浪潮，偏遠深山的變異雖在潛移之中，亦不可謂之不大。山上農業幾乎已成休耕狀態，茶園、橘園的收入已不敷這樣一個高物質的社會，或荒廢或剷平，連早幾年一窩蜂的種薑業也日漸沒落。人口外移，兒童人數逐年遞減，截至一九九五年五月底止，全校在籍人數四十，計男生二十二名，女生十八名。各班人數自一年級起分別是四、五、八、九、七、七，全是個位數了。就兒童言，平均每人所占校地面積，至少遠超過都市兒童的十倍。我在都市學校服務時要長期忍受噪音公害，往往弄不清到底是上課還是下課，因為上課下課一樣吵。初到有木時，一樣弄不清到底是上課還是下課，因為上課下課一樣安靜。學生散到操場上，疏疏幾點，像一窩母雞帶小雞，四、五、六隻閒閒啄食。

我看一九九五年七月八日時報新聞中心對教育問題的民意調查，在每班人數的規模上言，這一點民眾的看法相當分歧，尚未形成共識，支持每班三十人或四十人的不相上下；教改列車則主張小班小校。二十五至三十人之間正好，否則人數少到像我所帶的班級，一班只有四人，也實在非學生之福。我們班上男生三人、女生一人，兒童到了中、高年級，性別取向日益明顯，同儕間的刺激、模仿、整合與學習簡直等同於零。獨學而無友，再加上山區封閉，兒童的同質性太強，群我關係太過薄弱，幾乎不可能多樣發展，很容易就死在一個自我封鎖的小團體裡了。這是我們學校近年來非常注意的一個現象，也是許多活動刻意打破班級界線、以校為一個單位的原因了。學童人數逐年遞減，學校人員的編制則較我初來之時增加了護士一名、幹事一名，如果把臨時的執勤人員也算上，那麼我們這個四十名兒童的學校，計有十五名工作人員了。在這樣的環境下，學校多位老師自然會把兒童在學校的生活與學習的空間放大，讓許多兒童把特質上的個別差異釋放出來。這樣一來，一堂課可能每個人學習和深究的程度範圍都各有不同，一樣的一堂課，四十分鐘不可能因人少而縮減，反倒是分展多樣，在教學上當然是因而可以兼顧更多的差異，相對地，老師關照的層面與支付的心力也必然因而增加。

通常偏遠地區師資長年低落，然而在我來到有木的這幾年裡，師資出奇地維持一個水平，甚而在最難的人文素養與教師自我成長的內涵上，以我教書多年以來的經驗，有木近幾年一直呈顯了難得的整齊與多樣。究其原因，近年來由於交通工具上的普遍，以及都市擁擠環境的急速惡化，使得自願遠離塵囂進入深山、逆向請調的教師日益漸增，有別於以往，來到偏遠地區的教師不是迫不得已奉派而來，就是因於降調的刻板印象；自願而來與被迫而來，相去不可以道里計。有木師資近年來少有的安定與齊整，一半是緣於多名教師皆來自於市中心的大型小學，更重要的是喜歡這個深山環境，和順中且願常留山中。

我就這樣，看著這個荒山小學在教師主動的推策下精進前行，其中最積極策動的第二、三年，一波波的活動連學生都覺出浪潮滾滾，欣欣之氣躍於情表。前四年，我一點一滴看著有木在顛覆中成長、變化，那成長、變化是緣於它自身內在的垂危，而後因緣具足，激盪了教師對於種種現象的不忍。教育是良心事業，這一點自發的力量便是天平，來自於同仁之間相互的策勵尤其最為可貴。

後四年，整個台灣的教育環境進入了空前的激盪，改革之聲自民間譁然向上突圍，沸騰洶湧無法遏止，成了一種當局不得不因應的局面。

一九九一年，森林小學（或簡稱森小）成立，毛毛蟲實驗學苑之後亦極力突圍，在與北縣莒光國小取得某些技術性的協商下突破體制，在逆流中不及所待的上路。聲浪推波，北縣教育局亦在一九九三年間積極推展所謂的開放教育。成長不能等待，一九九四年四月十日民間波濤洶洶，匯聚了第一波所謂的「四一〇教改方案」。這樣的波濤一窩蜂地湧動北縣，在風起八方之中，先有二十所小學在急促中掉進了所謂開放教育的青蘋果裡，而八十四學年度（一九九五下半年至一九九六上半年）自願加入開放教育的學校再增六十四所，這樣的風速掃過，亂象與躁進之中，北縣形成一種革命式的教育改革型態，彷彿一次可以祛盡所有的積弊，而實際上北縣行近一年的開放教育至今才僅有一點零星的評估出現，風波太快，北縣教育局也不諱言許多自願加入開放教育的學校中，有些僅是為了便於得到經費的緣故。

我們這個小學雖地處偏遠，亦感知波濤之中其勢洶湧。然而感謝校長在靜定之中未倉卒搶登熱潮，假以開放之名行紛亂茫無頭緒之實。我們迎在風潮四圍靜定觀望，審慎之中逐步調整，實質上是由本校老師內在自發的成長開始，默默進入一個「教育實驗」的階段，在對課程的安排上，老師掌握了極大的空間。一九九四年三月，毛毛蟲實驗學苑成立，同年十月，校長便和全體老師利用週三下午訪問毛毛蟲學苑。對於森小、毛毛蟲學苑、四一〇方案，這些為理想激進的前行者，我有著十二萬分的敬意。他們是先驅者，要有超人的膽識、見地、眼光、毅力；旋風掃過，前進中亦需要隨時檢視個中困境，草創中熱忱感人，然而許多未臻成熟的地方，亦可以想見實屬必然。

森小與毛毛蟲學苑對孩童在人文上的尊重與不厭其煩，我覺得敬佩，然而，種種教學設備與實驗器材上的匱乏，使我在沉重中嘆息。反觀體制內的許多學校紛紛加入開放行列，在教師訓練、軟體規畫皆不足的情形下，僅在獲得經費，對照下，彷彿理想的開始都必得先節衣縮食，以苦行的風骨與志氣在拮据中自力救度。

從毛毛蟲學苑回來，學校老師私下交換意見，在暢談與交換感想中，可以看出激盪、挑戰與許多疑問在深掩的心中。我們不是一個被劃為開放教育的學校，但學校裡願意深入了解的老師投注的興趣、關懷與實驗評估，並不亞於一個名列開放教育學校中的老師，這是因於自發的緣故。不過也因於我們沒有一窩蜂急於搶登開放的青蘋果列車，得以祛除躁進之氣，在觀察、調整中沉靜前行。

開放是一個考驗，對學生、對老師都是一種新的學習。如何亂而有序、一統而多樣是個難題，這是心的提升。一如軟體，人文的素養極難，整個開放教育呼聲一起，四處鬧哄哄，教師時刻處在一個心靈與視覺的動點，四面八方皆是多頻道的立體空間，思考、調整，隨時機動性地前進、後退、轉向……實在太難，這裡面關乎了一個教師自身內在的成長與生命情調，只能自身體悟。美國六〇到七〇年代的開放教育是一個失敗的例子，原因即在於師資的不良，茫無頭緒與不知所措。

這是一個解構的時代，舊的在鬆動，新的在重組之中。小腳放大，推廣太快，有的還仍在纏腳布中尚未完全釋放出來，開放就已成了當今的一種風潮；也因此，甚至許多主事者喊著開放，搖旗吶喊的聲音比誰都大，但說不清何謂開放、如何開放。諸如體罰、性教育、學意情境與學習意願來說，這種種對於我們在處理和面對的情境上都還是一個未臻成熟的澀果。新一年度開始，以我們這樣一個師資具足、全校學生不滿四十人的小學來看，如何徹底運用教師專長、打破種種陳規，是一項值得開發且富於挑戰的考驗與智慧。在某些全校性的活動設計與規畫上，如何打破班級、年齡，在師資能力上當是足足有餘可做的事。

開放的立意是好的，但是好的立意也有可能造成相反的結果，站在這個風潮的頂端，如何選擇，新的學期對我所了解的這個偏遠小學是個考驗，將也是個躍進。我心裡有著種種波濤，在衝擊中靜定觀察著，也時而遠離，也時而靠近。

02

教者，這一章

總覽全觀，我靜靜坐在一個看不見的城中。把一切看見的疊在掌裡，藏在心中，多麼清楚；然而對於孩子，許多時候我是只能看見，不能插手。對於他們，我是另一種看不見的存在。

阿戌，一個午後。小山坳裡是這樣的一個故事正在發生。

不上學了，週六下午我坐在窗前，可以完整地看到眼前那一座靜靜的山。我多麼喜歡放假，山上的樹葉微微展揚，此刻我和山一塊兒靜靜地坐著。

坐落在山裡，我的窗口正好是可以總覽全觀的位置，因為這樣，我看見阿戌走來。他是我班上的一個胖胖的小男孩，二年級，長得亮亮的好看的眼裡，有著阿美族的混血。他手裡抱著一個和他身材一樣胖重的物體，因生氣而嘟著的臉，嘴向上嘸著，後面跟著他的同伴和妹妹。我看著他走近了，忽的欠起身來，從屋裡想看清他手裡拿的是什麼，卻只聽到他氣呼呼地說：「我得到的教訓就是以後再也不要求你們幫忙了啦！」走馬燈過去了，我即刻便恢復安靜。一會兒我又聽到聲音回轉來了，我再度忽的一聲欠起身來，遠遠看到他輕鬆了，手上重物已去，甩著手小跑起來，他妹妹緊步跟在後面，小手向前扯著他的袖腕。我偷偷背在屋裡喊：「阿戌！」他沒聽到，嘟起來的臉彷彿還有一手插在腰部。他妹妹聽到了，驚呼轉頭大喊：「咦！剛才有一間房子在叫耶！」走馬燈又過去了，總覽全觀，我靜靜坐在一個看不見的城中。

把一切看見的疊在掌裡，藏在心中，多麼清楚；然而對於孩子，許多時候我是只能看見，不能插手。對於他們，我是另一種看不見的存在。

阿戊，一個下午，因為這樣，我把他生活中許多許多另外的片段綴連起來。他十分天真，自得的快樂裡，有著許多模糊的、懵懂的牽絆，我從他聰慧稚氣的臉上串拾許多碎片，拼拼湊湊，常戲稱他是我班上最有心思的男人。那一張臉是對人生充滿了好奇、懷疑、衝突牴觸、迷惑與懸垂的九歲的臉。

他常常喜歡在早上跑來找我。書包扔在教室，一大早在我宿舍門前。「篤篤篤，篤篤篤，小精靈一號，小精靈一號報到。」我看看錶才七點十分。我不應。他又發：「篤篤篤，篤篤篤，小精靈一號，小精靈一號報到，你起來了嗎？」我的電報拍出去：「滴滴滴，滴滴滴，小精靈一號你好早啊！」門開了，他一臉清奇，像早上吹面的山風，兩手在胸前做獸爪狀，不停地踮著腳跳。二年級的小胖孩子。「過來給我抱抱。」我說。他抿著嘴笑，雙手束在兩邊，聳著肩。我笑了，上前用力環他兩下，心裡其實覺得哀傷。一回我正看早報，他又來了。「篤篤篤，篤篤篤……」我瞥見報上的廣告，對著門大聲唸：「有品味的男人，有主見的男人，全方位出擊，重塑生活新風貌……」不明不白的廣告詞，他掐著聲音道：「不要唸了啦，你在唸書、唸詩啦，趕快出來啦！」他每天早上跑來，不算有事，逗我抱他兩下，心滿意足地跑了，其實對蒙蒙的人世，滿具心思。

但是，他會和我吵架。噙著淚，從座位上站起來，眾目睽睽之下，他來我往，毫不退讓的九歲孩子，令我大大開了眼界。教書近二十年，我深深驚動，面容神肅，心下駭然。大人的聲音翻翻滾滾，嘶吼、責罵、處罰，什麼情況都有可能出現，小孩多半在沉默裡屈服了。石破天驚，我第一次遇到這樣冷冷地和我吵架的孩子，面容上壓抑、生氣、倔強、勾著眼，直要和我說理到底。我呆了呆，一念急轉，曲曲折折、實實在在地存心想陪他吵完一場心驚的架。我想看到最後，九歲的小孩，我第一次婉婉地引以為鑑。

那一次他懶得上課，玩不夠，打鈴了還不肯進教室。

「我真希望我是貓頭鷹就好了，貓頭鷹不必寫字。」上課時，他用力把書摜到桌上，惡狠狠地說，聲音從嘴縫裡逼出來，扁扁的都受了傷。

「貓頭鷹？貓頭鷹是最有學問的鳥耶，最有學問的鳥哪會不愛寫字？」我說。

童話裡不都這樣說的嗎？

「那我當啄木鳥好了。」

「欸！啄木鳥是樹的醫生耶，那你是要當醫生囉，當醫生可要讀很多書喔！」

國語課本裡有一課〈樹的醫生〉，說的正好是啄木鳥。啊哈！

「那還不簡單，只是吃蟲子。」

「吃蟲子也不簡單，要知道哪裡有蟲子、哪種蟲子能吃、哪種蟲子不能吃、哪種蟲子好吃、哪種蟲子不好吃呢。」

「我看當老鷹算了。」

「哇！猛禽科真兇的鳥呢，找不到同伴敢和你玩。」

成人不自在，自在不成人。外面的春花正好，蛇莓開得正豔，我能索性放了這一堂課，可許許多多的以後呢？這蠻頭小子，我掃他一眼不再發話，繼續改我的本子。

他寫寫倒有了新的意見，放下筆用力向我走來。

「你根本就在虐待我們。」

「這、這、這你說的什麼話？到學校來做什麼你想通了沒？要你寫個字，就是在虐待你，那你想做什麼？你這樣我很生氣。」我假裝。

「想通了啦，我早就想通了。生氣是你家的事。我早就想好了，昨天晚上就想好了，我要做的事只有一件，就是以後要好好照顧我妹妹。」

響雷迸發了，火速一連串。他說話的時候，一個字也沒看我，可是人在我面前。明明一副脾性，倒是我不會說了，驚奇詫異，情表愣愣，鈍鈍地對他回話。

「照顧妹妹？」

「但你還是要讀書嘛！」

我要他回去，把第二面的照樣造句做完。然後他又來了，排在隊伍裡給我改。

輪到他。

我改。

他低著頭說：「老師，我可不可以對你說一句話？」每一個字都像子彈。連發，有力。

「你說。」

「我覺得你跟我爸爸一樣在虐待我。」

「那我可不可以也跟你說一句話？」我也說得每一個字都像子彈連發。學他。

「你都可以，那我當然也可以。」

啼笑皆非。我冒起來的氣真是寂寂消落，彷彿足力瞄準的東西，竟忽然踉蹌打了空發，一切原來是不存在的。

我好整以暇，整整衣冠，換個口氣，我也有脾氣。

「我覺得你很沒禮貌，分不出好壞，弄不清自己該做的事吶。」我說。

他不說話，回去坐下，正好十二點鐘響。收拾書包回家，他站起來，又像對著全班，又像對著自己大聲宣布：「今天真是一個壞天！」

我們全班十一個人，跳房子、滾銅環，都是山上的土雞，各擁各的山頭，各野各的天空。只有他，瘋的時候瘋，玩的時候也玩，鬧的時候也鬧，但是瘋過、玩過、鬧過，形影複疊，心意連牽，全班一致所好、眾人一致附和的世界，此一時又於他都不存在。

他說：「我喜歡看武林影片，學點花招保護自己。」

他說：「老師，雨是不是雲不要的東西？」

他說：「小孩肚裡都是問題。什麼都不懂就生出來了。」

他說：「我和妹妹看爸爸燒紙錢，然後看到一隻蝴蝶飛到火裡。」

他說了很多，他說。

我教生字。國語第四冊第九課〈有趣的恐龍〉裡有一個生字「離」，我教這個「離」字時，七嘴八舌，小朋友說分離、離開、離別……，突然有一個聲音大聲地說：「離婚。」

阿戊聽了這兩個字，一時反應激烈，捏拳、咬牙、扭絞著身子歪到桌子底下，有點像嬉鬧，但狠狠地說：「啊！離婚這兩個字我聽到就恨。」

共參商略，不知是傷裂了誰；大人的訣別從來沒有孩子在內。

最慘的是，有一陣子小女孩愛玩一種逗騙人的遊戲。她們說：

你褲子破了

……的相反。

你臉上好黑

……的相反。

她們一臉正經，總在逗得人認真、一臉神神愣愣的時候，才大聲笑說：「……的相反。」

那一次剛剛才要上課，阿偉轉臉向著校門大喊：「阿戊，你媽媽來了。」跟真的一樣。

阿戊原本斜了肩，在書包裡拿東西，一臉鬆懈，全無戒備，突然之間烈火灼灼，整個人都彈直了。我看到他彈起來，兩眼直飛射向校門，短短一秒，所有的心事都熾熱灼燒拉到完全張力。那臉我無由憬悉，卻已摧割傷裂，甚為哀悽。校門口風淡、雲清、日影寂寂，阿偉朗聲大笑：「……的相反。」聽起來簡直像個惡魔。

小兒倖樂不知輕重，我看在眼裡甚為哀婉，驅身向前，他在張力拔到極限的同時，已成廢墟。來到山裡，他怕已有年餘不曾見到媽媽。

他的口頭語是：「別給我壓力了啦！」我想起，有一回他一本正經地告訴我：「老師，告訴你是真的，我爸爸昨天說他只養我到十六歲，十六歲以後就靠我自己，不管我了。」他低著頭，兩手撐在桌上，小碎步有一下沒一下地原地踏換，聲音倒也款款清朗。

我看他一眼便知他內裡蹊蹺，心有不忍，因為察見他的不安，沉定地看著他說：「你心裡害怕，是不是？」

他抿著嘴點點頭。很用力。

我蹲下來，捏著他的肩告訴他：「不要怕。十六歲你已經長得夠大，像老師一樣可以做很多事了。」

曩昔雲，來日雨。我其實覺得哀傷，心裡和他一樣想哭。

一回，升完旗進教室，我站在教室門口正中央，看著他們走來。本能想讓開的，念頭一閃，突想試試他們怎麼反應，頓起玩心，站在門口不動了。一群小賴皮打量我，莫名其妙，我藹然微笑只做無事。門口堵塞，先來的從我兩旁擠過去了，擠進去的一律哀哀大叫：「唉唷！老師……你怎麼搞的嘛……」輪到阿戊，他尖著聲音說：「唉！老師，你把我們變成單行道了啦！」

「呵！我覺得我好像河裡的一塊大石頭，你們是水，從我兩邊流過去，流過我的身體，水沖得我好癢啊！」我呵呵地笑。

「應該是鮭魚啦！我們是一隻一隻的小鮭魚。」阿戊說。

是的，鮭魚。洄游溯流而上，吃力沉重是嗎？我隔著玻璃看阿戊，急流、水梯，希望真正的波濤大夥一一都能通過。朔氣傳金柝，寒光照鐵衣，將軍百戰死，而我，我們一一都能平安回到最初的來處。

阿戊是個長在都市裡的孩子，父母離異，上一年級時才和妹妹進入山中與阿嬤同住。他許多自成的懵懂不同於山裡孩子的渾沌，更多的敏感和對世事的懸垂，則來自於分離的家庭。他有時說：「閉上眼睛我看到牛頭、馬面。」有時說：「我可以K老師，因為我可以K我妹妹；我妹妹是女生，老師也是女生。」生氣的時候對我說：「今天要跟桌子講話，也不要跟你講話。」有時候連續放假，看到我會說：「老師，還真想念你呢。」別的事情他還知道多少？每天早上獨自跑來敲我的門，逗我和他閒混幾句，肥嘟嘟的小臉如繁花盛放。這是不是他要的溫愛？只是，我捏捏他柔潤的臉，來到山裡，面對蓬勃的花雨，我時而在深柔裡有著淡淡的嘆息。

03

寬容的等待

長期與孩子相處，我有一種淡然的熱切，面對成長的生命，懷著一種距離的清醒。因為這一種冷寂，讓我在距離之外，孩子往往尚未言語、眉眼攙動，我便常能洞悉明明，觀其內裡。

吞口水的標點

有一天，老師教我們讀一首詩，內容是：

我喜歡你　因為
你知道我哪裡怕癢
你不會來搔我那裡
但是　有時候
你會來搔那麼一下下
不過　如果你來搔我
我也知道要搔你哪裡

（選自遠流出版《我喜歡你》）

讀的時候，老師說要注意音調，空格和分行的地方要稍微停頓一下。

我們讀了一遍又一遍。老師問：「空格和分行的地方為什麼要停一下呢？」

李大明立刻舉手說：「那是因為要在聲音裡表現出逗點和句點的感覺。」老師微微點頭說：「嗯！這個說法挺不錯，但是還可以有不同的說法嗎？」立刻又有人說，那是要讓我們休息一下；也有人說，那是為了要讓別人聽得更清楚。老師故意一邊點頭、一邊賣關子說：「這些想法都有道理，但是你們到底認為是哪一個呢？」

這時候，胡哲文突然舉手，一本正經地說：「哦！我知道了，那是要讓我們吞口水用的。」全班聽了哈哈大笑，老師也忍不住笑了出來，說：「逗點、句點的說法是標準答案，吞口水可是創意答案。標準答案加創意答案等於幽默答案，這是生活中的潤滑劑呢！現在，你們一定了解要稍微停頓一下的意思了。」

這一節課過得很快，歡笑聲中，一下子就下課了。

這是我曾經以「校園裡的笑聲」為主題寫的系列短文之一，情境來自課堂，是信手拈來的生活故事。

記得教一年級那年，全班學標點符號，連反應最慢的孩子都學會了，獨獨只有一個聰明伶俐的阿戊，我從年頭教他到年尾，一年級教到二年級，就是沒有能力教會他在文章裡使用任何一個標點。我納悶不已，嘴裡不說，心中卻充滿疑惑，常想問題不知出在哪裡。回回上課，只要一有機會，立刻就對他重述一次。

當我在不同的時間、不同的情境、用不同的方法反覆對他陳述到第六次時，連我都開始暗暗佩服自己。不過就是一個小小的標點符號，我從來沒有想到自己竟有這等能耐，六次用了六種不同的方法、六個不同的比喻，把一個標點符號反反覆覆講到這樣深透又有創意；而他總是淡淡地掃我一眼，又逕自俯首，迅疾振筆直書，彷彿沒聽到一般。那掃過我的淡淡眼神，傳遞的是他心底的語言，而我領會的是：「你很無聊耶！」我有些無趣，納悶裡，他的世界依舊沒有標點這回事。

而今，時過境遷，連我自己都想不起來，當年那情境是一種怎樣的次第，促使我如此微分而有層次，細膩地去轉遞一個看起來似乎那麼微不足道的標點符號。但是，遺憾的是我始終沒有把阿戊教會，在我教他的一、二年級，他從來沒有完整地使用過標點。

甫升上三年級，他的級任老師來找我，問到關於阿戊標點符號的問題：「為什麼他寫文章就是不用標點？無論怎麼跟他講都沒有用。」我攤攤手，一臉疑惑比他的新老師還深。我說：「不是他打結了，就是我打結了，但是不知問題出在哪裡？」因為不解，所以這個問題我一直帶在心上，時不時拿出來想一想，沒有忘掉。接著他升上四年級，而後五年級。高年級之後，新的年段他又換了一個新的老師。

一天，我在校園裡遇見他。他笑嘻嘻和我玩躲貓貓，五年級的孩子依舊稚氣未脫，但長高不少，嬉鬧之後我們閒聊。

我說：「升上五年級了，覺得如何？最近快樂嗎？」

「快樂呀！就是功課變多了。」他手上拿著零食，邊吃邊往下叨絮不停：「像從前寫作文，我從來不用標點，幹嘛那麼麻煩，浪費時間。現在升上五年級，每天都要寫日記，我都用標點給它算好格子，每換一行到上面，就畫個圈分段，這樣就可以寫得很少，但是看起來很多。」

他一臉得意、自在無事樣，我則恍然大悟！

水落石出，三、四年的懸疑得解，我一時虛張厲色，斜睇眥目，惡狠狠地道：「哦！原來

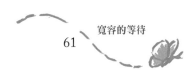

你早就學會標點了，只是不想用而已。」他賊賊一臉，理所當然地呶嘴點頭，倒顯得愚蠢的是我。

後來，在校長會議上，一次教學經驗研討，我談了這個故事。有校長分析教學方法，一本正經建議我應該改變策略等等。我發現這校長還真沒弄懂故事的重點所在，我真正要傳遞的訊息，是一種情境的等待。有時候，我不以為老師教了某些知識或者技巧，孩子沒有立即呈顯或者表現出來，就表示孩子沒有學會；同時，我也不以為所有的學習都應該在一次裡完成，或者在一次裡驗收。

以阿戊而言，關於標點，三、四年後因於偶然，我方才斷定他其實當下就學會了，只是如何應用、需不需要取決於他，不取決於我。當他覺得標點只會耽誤他課業完成的時間時，對他而言，標點是無用之物；當他發現標點的好用、可以減輕他課業的負擔時，這標點遂成為有用之物。之於文章的順暢，詞章句讀，在他的這個階段，與他無關，根本不是他所要探究的。這個結果到底如何，只能等待，遙遙忽忽，甚至有可能完全無解，不知密碼會在何處啟動。情境未到的時候急不得。面對孩子我們常期望立竿見影，事後返觀，「急」只是我們內在的無明。

這是我卜居山中教學的故事。

情境的等待

回到都市，也曾經我以校園生態為主題，把觀察筆記與作文結合，孩子一整學期的作文簿裡，記錄描寫的全是校園裡的植物。三年級的孩子窩在校園裡又寫又畫，一棵一棵，逐一觀察。那年春天，在我們認識台灣欒樹之後，第二天，班上的一個小女孩瞪著大眼，興奮地跑來對我說：「老師，我現在才發現，原來我們家巷子整條路種的都是台灣欒樹。」膝蓋以上統稱為樹，膝蓋以下統稱為草，至於是什麼樹、什麼草，視若無睹，視而不見，對許多人而言大概都是這樣子吧。她在這個學區長大，每天來來去去，竟從來沒有認識過身邊的植物。

春天過去，九月來臨，一天清早，她又神祕地帶著發現的喜悅對我說：「老師，台灣欒樹會開花耶！」我看她一臉清奇，也故作驚訝附和她道：「什麼顏色？」只見她一臉肯定地說：「黃色。」

「你確定台灣欒樹的花只有一種顏色嗎？」我挑著眉毛看她。

她靜靜地睨我一眼，扭頭就走，丟下一句：「明天再告訴你。」第二天，她又來了，告訴我：「台灣欒樹的花瓣是黃色的，花心是深紅色的，像絲絨一樣。」我又挑著眉毛說：「你確定台灣欒樹的花只有兩種顏色嗎？」她靜靜地睨我一眼，又扭頭就走，丟下一句：「明天再告訴你。」我們就這樣一來一往，她從花瓣、花心到花托，逐一把一朵台灣欒樹的細碎小花細觀到深透。想她連續幾天走在回家的里巷間，靜靜蹲在欒樹下細審一朵小花，為的是要以此與我應對。天地間無處不有符碼，只可惜她生在都會，長天也拼不成風景，里巷間因於偶然，發現了落花形狀，一旦在記憶裡刻成印記，之前之後，同一條路上是否已是兩種心境。而當她在生活中開始與季節相有感應，這離我們第一次看台灣欒樹的時間已相隔半年，但是故事還沒有完，情境所在，仍隨機在生活中觸發。關於教學與情意，知識的美應當應對在生活中的感知，知識應該結合在生活裡。

之後，這班孩子升上五年級，我則轉任社會科任教師。一天，我在自己的專任辦公桌上發現一枝台灣欒樹的蒴果，那蒴果赭紅，滿具鮮氣，正當季節的顏彩。直覺告訴我，一定是三年級那年我曾教過、帶他們認識過台灣欒樹的孩子。可是到底是誰就不知了。

許多許多日子過去，一天我在校園裡，有另外一個女孩喚我，大老遠地跑著喊是否有看到台灣欒樹蒴果種種之語。我定神直道：「哦！原來是你給我的啊！」孩子喜孜孜道：「是啊！我負責外掃區，那天打掃時，在台灣欒樹下撿到一枝果實，也不知是怎麼掉下來的，就想到要拿給你看，誰知你不在。」

是的我不在，可是有一莖欒樹的蒴果自季節中來，在我案頭，拍醒我載浮載沉的剎那。那龐大的欒樹冠頂，三月新綠，九月黃花碎成飛金，而十月之後逐漸赭紅，一蓬赤火焚天，這些都是上帝的推移。而我，就地立著，有童稚從大化中伸掌。我只一季帶他們認識樹種，多年下來，孩子便自會在生活中串連情節。我的教室遠在後棟四樓，她大老遠奔著小腳攀上頂層，季節裡問津，要與我分享的心是毫不遲疑的。那一刻我雖不在，她手中所持的欒樹蒴果已然超脫名物之列，轉成心靈之物。

我常想這些孩子長大，將來或離家讀書、或外出工作，若在外地看到季節中的欒樹，想到自己成長的里巷，欒樹是否會成為心中的一種鄉愁。帶他們看樹，原是我的私愛，我不過拋出一個點，在時間的互動裡，長達兩年、三年，孩子竟鋪展成面，時空遞轉，生活就是故事。情境需要等待，而我們要如何學會從容，才能完整捕得個中情境。

老師和孩子都需要時間

正寫著這篇文章，朋友給我轉來一則報導。前一陣子法國有個民意調查：「在法國，消防員與郵差是最受歡迎的職業。」並附上了郵差布魯諾的訪問稿。

布魯諾今年三十九歲，未婚，來自法國中部只有二十來戶人家的小村莊，他對自己的工作感到有些驕傲。他說自己不聰明，高中畢業，沒考大學。服完一年兵役後，幾乎兩年失業在家，只是打些零工。之後，他考了兩次特考，才成為郵差。然後，他搬到巴黎，開始在第五區送信。一晃眼，已經在同一區送了十五年的信。「而且我還打算，再繼續送很多年的信。」布魯諾對於工作承諾的態度，想必會讓許多老闆感動。但真的不會感到厭倦嗎？「要說我對這份工作有多熱情，那倒是沒有，但是我也不討厭這份工作，至少我不會每天起床就皺眉頭。」布魯諾很誠實，他在工作中，找尋屬於自己的樂趣。

布魯諾喜歡在外面走，喜歡跟人接觸。第五區位在河左岸最有名的拉丁區旁邊，沒有觀光客的喧譁，卻有一種因為歷史久遠而留下來的優雅韻味。

這個報導一下就吸引了我，它讓我感動。這個白天的郵差，晚上是個藝評家。他對電影熟悉，不僅對希區考克、卓別林、史丹利．庫柏力克如數家珍，對侯孝賢、蔡明亮、王家衛也不陌生。他看《愛情萬歲》，對片尾楊貴媚坐在大安森林公園長凳上一個人哭了十多分鐘感到震撼。他說《花樣年華》裡每個鏡頭都宛如畫境，因此很快就去買了ＤＶＤ與原聲帶。

訪問稿中傳遞的訊息很多，有法國人的哲學思維與生活觀，且按下不表。同時引發我內在很深感觸的是，布魯諾對工作的態度不卑不亢，他是那樣真實的認知與表達。工作當然有愉快的時候，工作同時也非常辛苦。人類工作的目的不在存活下去，而是為了要過更好的生活。正常言，工作不會讓人白白辛苦，它牽涉到報酬，也讓人從中成長，展現聰明、幽默與創意，並獲得成就。但是它也讓人窒息，因為，相對於聰明、幽默與創意，沒有人會要一個無用的人；當然，分寸拿捏，水大漫過船，太有用一旦被解釋為野心太顯，欲加之罪一樣陣亡。所以，在很久很久以前，「工作」一詞的意思其實表示「刑具」。

我不也同一個工作做了幾十年。布魯諾很誠實，他在工作中找尋屬於自已的樂趣，有一個還不討厭、至少不會每天起床就皺眉頭的工作。我對自己工作的態度，或者多數人對自己工作的態度，大概不出這樣的範疇吧！教書多年，我們的教育很擅長把關愛說得像標語、口號，問起孩子未來的志願，大人十之八九期待的是醫師、律師、工程師……，這個答案典型而標準，但是表情達意、過日子、生活中真正的感受與認知，要如何切近個人心中各種不同的差異與情表？

我是一個白天的教師，夜晚的文學愛好者，在創作的讀與寫之間，餵養自己的靈魂。文字間的生老病死，可以讓人一夕度盡悲歡離合。早歲未經世事，我亦自覺滄桑，但那為賦新詩，紙上人生，還不是實有的經歷。生命的成長不易，我們以緩而不著形跡的方式累聚與找尋出口，一點一滴盡在無聲之中；生命的摧毀則往往在旦夕之間，令人愕然驚措，迅即而且大塊地剝離。以此應對於我的工作，長期與孩子相處，我有一種淡然的熱切，面對成長的生命，懷著一種距離的清醒。因為這一種冷寂，讓我在距離之外，孩子往往尚未言語、眉眼攙動，我便常能洞悉明明，觀其內裡。許多心領神會、隱而不宣的剎那，幽微處，這些蒙童小兒，我了解他們，甚且有時遠超過他們某些粗略的父母。許多心照而無法言說的部分，是我認為孩子與老師相親遠勝過父母之處。但我又從來不要做他們的父母，近身相搏、把屎把尿的事我從來不插手。這情形又更顯於都市。父母有父母的盲點，距離有距離的清明。

〈深山教學手記〉一文在報上連載之時，有人專程上山，想看阿丁。當然是看不到的，雖然他就在我厝邊。這篇文章當年參加徵文，囿於篇幅，關於阿丁我寫出的不過個中一、二。他在教室打滾、橫地撒潑的那一幕，我至今清晰歷歷如目，甚覺凶險。我深知當下那一刻，若移此景在都會地區，中午時分，家長進出校園行於廊下，窺得一個一年級的小兒橫地嘶吼，嚎得世界要起六種震動，而我身為一名老師，竟在這當下，怡然安和逕自低首划飯，那情景縱然無事，傳言出去，怕也難杜種種猜疑、悠悠眾口，單一表相下的繁複牽連。可是，那是我跟阿丁對招的關鍵，容不得任何人插手。我既觀察阿丁多時，狠殺婦人之仁，那是我的執意，否則輸的不僅是我，也是孩子。

可是，原委是講不清的。我雖洞悉明明，也暗自驚心，但在山中險舟輕過，而我的一個同事卻沒有我這樣的好運。幾年前，她電話裡向我傾訴，約莫相類的情境，引動記者，在校門口抽樣，拉了孩子便問：「你們老師打不打人？」以此佐證當前體罰比例等等，黯然毀她一生清譽。她哀婉地說：「歷經此事，要談體罰的問題，我比誰都有資格。」

孩子當然是可愛的，要人疼惜，教人不忍，但有時孩子也是個野物。如何應對，老師與孩子都需要時間，寬容付與孩子，也需要付與老師，真相會在各自的心中。教書多年，對我而言這是最好的工作吧，但我無法把信、望、愛說得像個標語，叫得像個口號。面對孩子，我從來扮演的就是姑姑、阿姨的角色，也熱切也淡然，只插手在父母搆不到的地方。

曾有人問我：是創作滋潤了教學，還是教學豐富了創作？

創作與教學都是成長事業，直見性命，我從不拿它相互對照，但怎麼分得開呢？創作的思維可潛移於生命的成長；生命的成長可默化於生活所觀，而我大半的時間在與孩子應對。一記球發出去，遠遠的落點會定在何處？我們同時既是投手、捕手，也是打擊手與右外野手。我從青澀與新舊交替的摸索裡走過來，球打壞了，一記滾地球狼狽於心，靜靜留著與靈魂對話，當作成長的因子。球打遠了，誰也保不定是不是個再見全壘打，但看在眾人眼下，一顆心懸著，跟著轉過或數日、或累月，甚或經年，答案不知在悠悠的某處。與孩子的情境，每一個故事都得經歷長長的等待，阿甲是、阿乙是、阿丙、阿丁、阿戊……也是。尋常生活，現實裡的成長可不是虛擬的戲文，立竿見影，一日裡便歷盡種種分曉。

布魯諾對工作不卑不亢、誠實表白，我想，凡者如我，沒有什麼高調，盡情盡分就是這樣子吧！

04

××央去插秧

小空間裡嚴峻分明的規則不會比情誼重要。規則是因需要而延伸的，我確信畫個符號代替自己，不致影響小孩未來生命的出路與成就，只是嗷嗷奔逃，為什麼每個人都要在窘迫中突破狹縫？

我在山上教書的時候，人數最少那一年，班上只有三個人。

三個人交作業，一人一個字體。阿屏的字正大方圓；阿俊生澀拘謹；阿銘快速而有點混亂。字如其人，一個字一種個性，只要看兩、三次，稍一熟悉，閉著眼也能分出誰是誰。

我改本子的時候從來不看名字，隨手翻開，尤其是日記或作文，連口氣、話題也都各有各的招牌，想混也混不起來。因為這樣，也從來沒管過他們的本子、考卷上的姓名該如何寫。後來，不知為什麼，他們漸成一個風氣，自動把姓省掉，只寫名字。再後來，是阿銘帶頭，這我記得很清楚，因為他最懶，回回試卷、通知單送回來的時候，他只簽一個「銘」字，有時自說自話一句：「我們班上只有我一個『銘』。」

後來，漸漸地大家又學會了，送上來的東西統統都只寫一個字。「屏」、「俊」、「銘」，沒有問題，我當然知道誰是誰。小型學校，一班學生三、五個，七、八個不等，寫名字的作用只為求易於辨認，反正目的達到了，寫三個字、兩個字或一個字效果一樣，其他便顯得沒有什麼了不得了。當然，我確定他們都會寫自己的名字，省略並不是不會，並不是忘了，也不是故意跟誰過不去。這裡面，其實他們覺得好玩、有趣，一次玩出一個新發現和新情境，覺出一個字和兩個字、三個字的效果沒差別，然後又可以隨著心意、情境，隨手決定當下要寫一個、兩個或三個，實在有趣得很。我有時會故意說：「銘，銘謝惠顧的銘是哪一個？俊，英俊瀟灑的俊是哪一個？屏，雀屏中選的屏是哪一個？」他們嘻嘻哈哈，伸手索討，從來也沒有出過意外和差錯。

後來阿銘更皮、更有創意，他在考卷上姓名的地方畫個暴龍交給我，指著暴龍說：「這一張畫暴龍的就是我喔。」

「哇，你今天心情不好，想吃肉呀！」

他笑嘻嘻說：「對，今天我要吃人肉，小心喔！」咻的一溜煙，手上拿著麵包出去了。

後來，他不時換個花樣，有時畫個劍龍，有時畫個雷龍，反正我都知道就是他。

一個班級，各種通知單和作業，反正都是交給我，彼此默契十足，重點在能辨認就夠了。但是，這個你知道它不會成為困擾的事情，成了問題。

多年以來，已經成了習慣，小孩和大人都不經意地多了一些模糊空間，各寫各的意，各出各的創發，各玩各的好笑，各隨各的性。但是，一九九五年九月，學校來了新校長。在期中評量那一天，測驗完，校長出巡，走進五年級教室，抽看學生試卷，這一氣非同小可。

許進央試卷上的簡易代號寫的是××央，校長勃然大怒道：「你不認識字嗎？五年級連自己的名字也不會寫，你去給我讀一年級，××央，你姓××叫××嗎？今天回去給我罰寫名字一萬遍，下次再寫××央，我就叫你到教材園去插秧！」

大型學校，人多有人多的規矩；小型學校，小班有小班的自在。事情傳開，一時全校譁然。戲謔者有之，驚詫者有之，捧腹者有之……，而看在五年級小孩的眼裡，阿如說：「哇，好險，還好沒看到我的，我只寫（2，2），因為那是我教室位置的座標點。」葉芬說：「差一點就到我，人家我給我們老師都寫知名不具，反正他知道國語課本就教過這個詞，所以趕快給它拿來用一用。」博禹說：「我只寫了一個禹，還好沒有叫到我，否則豈不是要叫我天天去下雨……」

第二天，老師們重新確定關於罰寫名字一萬遍的事，據說被罵的還有阿偉，後來阿偉求饒，請校長原諒他們一次，下次不敢了。罰寫之事算是暫休，××央逃過一劫，免寫一萬遍。

但是，後來這件事成了笑典，私下裡大家以此為笑謔話題。××央有時也以此自嘲，有時也以此接受消遣。約一個星期裡，不時看他和他班上同學見面時打招呼，笑嘻嘻擊掌、錯身，然後叫道：「哈哈，××央去插秧。」我在校園裡聽了，看他們臉上有一種好玩的刺激和戲謔。逃過罰寫一萬遍的厄運，好像他們是個勝利者，可是，我班上的「屏」、「俊」、「銘」，還有那個恐龍、暴龍，顯然也是個問題。「屏」笑嘻嘻地告訴我，她喜歡小白兔，以後她要把自己畫成兔子。我說：「小心兔子會被狼追！」她說：「那我就畫自己會跳，跳快一點。」

大人和小孩是兩個世界，其中顢頇而少重疊，名字和符號不都一樣用作指認效果。小空間裡嚴峻分明的規則不會比情誼重要。規則是因需要而延伸的，我確信畫個符號代替自己，不致影響小孩未來生命的出路與成就，只是嗷嗷奔逃，為什麼每個人都要在窘迫中突破狹縫？我捏捏阿屏的鼻子說：「很好，你跑快一點，出去玩吧！」

我想起一個朋友從小學一路教到高中，她臉上布滿了面皰殘留下來的坑洞，有時自己也戲稱月球表面。面對國中生的直接與叛逆，她說小學生的單純令人難忘。教小學時，她曾抱起一個一年級小女生，臉對臉逗趣，那小女孩對著她的臉說：「老師，你的臉都破洞了。」她說那小孩的天真單純，是在直言裡一覽無遺。同樣的事到了國中，那青春期的男生是在課堂上大聲對著全班說：「你們看，這個老師的臉好醜。」她把食指放在嘴上，笑嘻嘻轉身，輕聲說：「噓，要記住，像這種事就不可以講真話。」一時全班哄堂大笑，輕描淡寫，化掉一場可能引起的衝突和不愉快。老師和學生，常在互動中看出機智與氣度，四兩撥千斤，這一則故事引我牢牢記住。短兵相接，幽默感還真不容易，老師如此，行政如此；尤其行政和學生互動太少，動了這樣的衝突，更是連和解的機會也不可能有。

想起朋友，每天上學，我們照樣埋首工作，我們照樣依序上課，師生之間的事有一種互動的默契與習慣，這裡面包括了情感與熟悉。××央是我們經歷的一個笑話，說起來因為押韻，倒還真像是有心人故意編的一則並不好玩的黑色笑話。

05

我的身體我的命

孩子在有序的學習和責任裡也創造他們無序的一面，這是生活。在有一搭沒一搭的串連裡，他們從其中獲得片時的野放，我則從其中看到許多課堂以外的片段，那是屬於他們生活中經驗世界的原創。

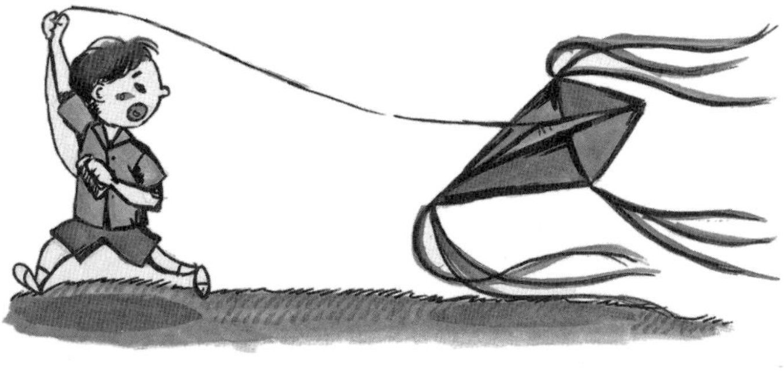

阿中二年級，是我班上的一個小男孩子。白皙挺俊，高挑的身子靈活迅猛，個性活潑疏散，逗人喜愛。

他母親長他父親八歲，生下他和大他兩歲的姊姊，是第二次婚姻。阿中上幼稚園時父母離異，母親下山之後又有了新的家庭、新的子女。這是他母親的第三次婚姻。

阿中的父親是山下小鎮一家ＫＴＶ的經理，晚上工作晝伏夜出。他下班時，阿中和姊姊正要上學；阿中放學時，他正要上班。

長一輩的阿公、阿嬤一生作農，山上橘園裡的橘子以年柑、海梨為主。有一年他提了一袋柑橘送我，裡面有他栽植的各類品種：香丁、紅鳳、茂谷……不下五、六種之多，有的市面上也沒見過，甚為奇特。阿中的母親結婚後仍會回山上，有時也帶著新生的孩子，總的來說，隔代教養，阿中是阿公、阿嬤帶大的孩子。

他阿公人極好，身形高大，粗礪的臉上，褶皺的痕紋裡寫著風霜，也寫著人世的經歷，無奈裡有他的透達，也有他的認命。阿中入學時由阿公帶來，一身嶄新的白衫短褲，是在鎮上買的。我是他低年級的導師，阿公當我面交代阿中要認真、要專心、要聽老師的話。阿中笑嘻嘻地甩掉阿公的手說：「知啦知啦！」閃著一張缺牙的嘴。

阿中就像山上野放的一棵植物，四面伸展，七椏八枒無人收管。他聰明俐落，學習快速，唯是定力不足。寫起字來和他戲耍一樣迅猛敏捷，三撇兩撇凡事做了就好，不求精緻。每日按時繳交作業，從不拖沓，但總是在標準邊沿和我拉鋸，我不甚滿意，但可以接受。

一回我們教到一個生字，我說這個「牠」是牛部，指人類以外的動物，是動物的「牠」。他立刻把所有曾經教過的第三人稱串連起來說，有男生的「他」、女生的「她」、東西的「它」、動物的「牠」，那樹木的「ㄊㄚ」呢？

我倒一時愣了，隨即竟脫口而出沒有樹木的「ㄊㄚ」，才說完馬上又改口道，樹木的「ㄊㄚ」，就是「它」。

他一副鬼精靈，挑著眉毛促狹地邊寫邊說：「我知道。加個木字就是樹木的『杝』。」我還真喜歡他的推演，覺得這孩子精采極了。倉頡造字，這是他的發明，我感念於心，從此記得了這個字，一看到樹就想到「杝」，有樹的地方也就有他。

他家就在學校旁邊。入學不久，一個不上課的週三午后，他到學校來放風箏。我看他赤腳在操場上跑來跑去，雙手飛揚，可是風箏就是栽地不起。隨後我進入辦公室，他繼續倒著身子全力加速。不一會兒，砰的一聲，旋即聽到操場上的孩子大叫：「阿中昏倒了，阿中昏倒了！」幾乎同時，所有室內的大人都彈起來衝向戶外。我看到阿中癱在籃球架下，平平躺著動也不動，風箏也陪他一起靜靜掛在一旁。一場手忙腳亂，大家把阿中抬到教室，擦汗、淨臉、探呼吸、捏人中、塗抹提神醒腦的白花油之屬……，他躺著動也沒動一下。

急亂中有人道：「快通知家長。」

「他阿公在山上。」

「這個時候他家裡會有人在嗎？」

「在、在，這個時候他爸爸應該在家睡覺。」

一會兒，校門口麻雀一樣傳來小孩急急忙忙的報信聲：「阿中爸爸來了，阿中爸爸來了。」我從教室裡望出去，阿中爸爸垂著頭走來，一臉惺忪，皮膚有著未見陽光的白皙，不似山上的農作人家，這點阿中倒是遺傳了父親。

打量間，阿中爸爸隨著一群人的眼光被迎進校門，當他走入廊下，教室裡的校護阿姨說：「阿中，爸爸來了。」就在他跨進教室的那一剎，阿中倏地一下，呈九十度直直坐起。阿中父親一句話也沒說，牽著他走出教室。我們一群人以眼神相迎，以眼神相送；整件事從一場混亂開始，以奇異的安靜結束，到大家散去，靜靜的沒有一點聲音。

我把一切看在眼裡，一臉靜默安沉，內裡洞悉明明。除了阿公，這還是我第一次和阿中的爸爸照面，沉默裡許多訊息，遠比對話還要深刻，親子之間，這一幕因此誌入我的心底，引發許多思緒，成為日後我與孩子互動的存參。第二天阿中又到學校，活蹦亂跳，快活自在，沒有風箏也沒有撞傷，昨天的事彷彿不曾發生一般。

日復一日，有序的生活裡也有著許多的無序，但是每天要做的事有一定的重點。在教室裡我掌握大要，極力扮演有序的一面，孩子該對自己負責、該完成的課業從來不拖過翌日，而孩子在有序的學習和責任裡也創造他們無序的一面，這是生活。在有一搭沒一搭的串連裡，他們從其中獲得片時的野放，我則從其中看到許多課堂以外的片段，那是屬於他們生活中經驗世界的原創。所以無論什麼議題，我們總是在聊天閒話中隨任自在、觀機逗趣。在他們是無心，我是有意，蛛絲馬跡，我在其中抽絲剝繭，許多有的沒的，這是可以探觸他們內在的一種方式。

阿中和所有的孩子一樣，每天到學校第一件事，就是要先把前一日的家課交給我。他從不拖欠，但一本作業潦潦草草。我每見他一次急就的筆觸，就叨唸他一次要如何改進等等，他總笑嘻嘻賴皮回我一句：「好啦！」我的叨唸從來不斷，他則從來不改，時間一久，就相互在妥協中過日子。他的字雖亂，但還算清晰，字體關乎個性，我對他確實有所要求，但是心裡也知道有些無奈。

每天黃昏，六時許，我在宿舍裡常聽他阿公拔足了嗓門，漫山漫野喚他：「阿中啊回來，阿中啊回來呷飯！」一路從家裡叫到學校。學校裡半個人影也無。我只知道孩子好野，玩是常事，所以也不甚在意。

一天課後，我在戶外散步，見他阿公也在暮色裡，扛著鋤頭從山徑上下來。他阿公一見我，放下肩上的擔子就直道：「老師啊！拜託咧！」顯然有長話要說。

他一臉眉頭深鎖，沉緩的聲音裡有著冷靜的思索，也有著無力的困頓。他說阿中每天暗暝九點、十點才回家，一回家草草吃點東西，眼睛就睜不開了，澡也不洗，功課也不做，倒頭就睡。請老師幫幫忙，叫他回家先把功課做完，出去玩也要早點回家。如是總總。

「功課不做？沒有哩！」我說：「他從來沒有不做功課，每天都交作業哩！」

「攏早起才寫。暗暝睏去，會甲伊阿媽講：『明天五點或六點叫我。』早起襯採撇撇，眼睛搓搓，就去學校了。」

「五點、六點，這麼早起得來嗎？」

「會。看伊功課多還是少，有時五點，有時六點，一叫就起來。」

我聽聽，竟不覺暗自喝采，心道：「好耶！」一邊和他阿公應對，一邊暗忖，五點、六點？我還在睡覺、賴床哩！他一叫就起，還會判斷自己需要的時間，原來字跡亂撇是這樣來的。但是，我讚歎他知曉分際，儘管家裡的日子過得脫序，仍不失其自制的能力，每天一進校門知道要扮演好自己的角色。才二年級哩！

「暗暝九點、十點才回家，他往哪去？」漫山荒野，引我狐疑。

「說是去伊同學家打電動，我去伊就走，不知躲到哪。」

我雖承諾他阿公會處理此事，但實則未有動靜。我思索在學校他盡責盡分，我則極力扮演有序的一面，孩子很清楚自己的角色。我沒有可能改善他的家庭，如果沒有把握處理好他在家裡的脫序，我就不要去揭他的瘡疤；一旦失了準則、露出破綻，豈不反害了他與我之間互動的規矩。我不肯貿然處理此事，但又不得不履行對他阿公的承諾，心想即使處理無效，至少他阿公問起，我口頭也得有個答覆。因此，一日放學，我喚住他。

「阿中，今天回家要乖乖先做功課喔！」

「好啦！」

「功課做完再去玩喔！」

「好——啦——」

「早點回家，別玩太久……」

「好————啦————」

他一臉不耐，聲音愈拉愈長，但也奈我不得，所以嘻皮笑臉，我說一句他應一句。

那當下還真弔詭，我們彷彿彼此都各懷鬼胎，但又似乎同時都能穿透對方，演戲似的，我怎麼說他怎麼應。我當然清楚我的話，每一句不過都是在應付他阿公的託付，而他在應付我。詭異的是他的神情，有一刻我竟感覺他彷彿也很清楚我似的，他應我的每一聲「好啦」，不過是在讓我好生下台，在幫我完成他阿公對我的託付。

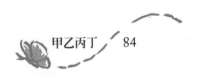

他應付我，我應付他阿公，我當然清楚這是一場完全無效的對話。

這以後一樣的日子，照舊往下過。他交來的作業龍飛鳳舞，一樣草草了事。他每交一次作業，我就每換句言語對他叨唸一次。一日上課前，我又說：「這寫的什麼字呀！鬼畫符一樣，神仙也認不得。說了一百次也沒用。」他原趴在桌上，當下一揮手彈起來道：「唉！你每次說的那個，是我的身體，又不是我的命。」

「欸——咦——什麼叫你的身體你的命？」這句話靈光一閃，稍縱即逝，卻深深引我好奇。「啊！身體就是我做的事，命就是我要管也管不了。」他站起來一邊走動、一邊揮著雙手，大剌剌地說。

這句話更有意思了，對我而言，它透露了一個很重要的訊息。之前我總以為他把我的話當耳邊風，但這句話不但表示他聽進去了，還掙扎過，只是乏力罷了。而乏力這兩個字，想想，大抵不出人性罷了。

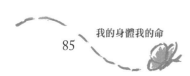

我遂轉向班上的孩子道：「身體會做什麼事？」

我班上總共也不過三個孩子，連七嘴八舌也無，但討論起來，一樣沸沸騰騰。一夥人興致勃勃地數道，掃地、寫字、打架、罵人……。我說：「來來來，到黑板這兒來，把身體會做的事寫出來。」三個人滿滿寫了一黑板。包括讀書、偷懶、爬山、說謊、提水……，林林總總，好的壞的盡興而出，三個人列了一大篇。

「那命會管哪些事呢？把命會管的事圈起來。」

三個小孩愉快地一邊圈一邊大聲唸，骯髒、打架、說謊……，我坐在下面，一邊看一邊故作思索狀道：「哦！我現在才懂，原來一個人的好和壞跟任何人都沒有關係，跟他自己的命和身體有關。如果一個人的命把他的身體管好了，他就不會做不好的事，別人就會稱讚他。如果一個人的命管不住他的身體，他的身體就會貪玩、偷懶、騙人……，做不好的事，別人就會責罵他。原來一個人是怎樣的人都跟別人無關，跟他自己的命贏了，還是身體贏了有關。」

說到這裡正好下課，三個人丟下粉筆衝向操場，原來我們一節課沒上，是因為阿中說了一節關於命和身體的事。我努力為他們釐清一些生活的片段，但是到底會留下些什麼？誰也沒明確的把握，這不是立竿見影的事。

我有時喜歡有一搭沒一搭地和孩子對話，觀其天趣，抓住生活中靈光一閃的片段。之於孩子，我認為有時閒談更甚於一堂正課。成長不會在一天完成，事情也不會在一時解決。生活中充滿契機，如何在等待中窺見端倪，掌握霎時的火花，所謂可遇而不可求，這才是重要的關鍵。事情當然還沒有完，但未來的問題會怎麼流轉沒人知道。想到阿中的阿公，我心底依然盤著他對我的託付。

第二天，我一樣進入學校，但意外的是才走到廊下，阿中沿著校門階梯飛速奔來，一邊高高揚著右手、用力甩著本子，一邊大聲叫我：「老師你看，昨天是我的命贏了。」我定定佇立廊下，見他一臉歡欣，喘吁吁喊著衝到我的面前，雙手一伸，「嗯！」把昨日家課的本子遞到我的面前。

我接過他的本子，一邊翻一邊說：「什麼你的命贏了？」

那是他的日記本子。平日敷衍塞責，一篇日記三、兩行就草草了事，這一日，他竟寫了滿滿一篇，一字一字乾淨整齊。我立刻意會過來，旋即以驚訝誇張的表情大聲說：「哇！真的是你的命贏了，你看命贏了，字就寫這麼漂亮。」而後我故意大聲地數著他日記的行數，一聲比一聲高昂，「一、二、三、四、五、六、七……哇，命贏了就寫十幾行呢！」

我一邊說、一邊以眼尾餘光掃他。他手扠在腰上，下巴微揚，一臉得意，幾乎要放出光來。我則收起誇張的表情，合上本子，遞給他，冷冷地說：「這沒什麼了不起，不過贏一次，人的命很難贏的，通常都是身體比較厲害！」

他倏然收起臉上的神情，拿著本子，嘟著嘴，黯然而緩慢地走開。

我都看在眼裡。那一刻我機鋒突起，一把銀針灑在他的心上，以其人之言還治其心，我是有意要刺他一刺。原來我只道我的話對他都是馬耳東風，後來才發現舉足輕重，其實起伏都在他心上，言語間他的嘻皮笑臉也在和我過招。他是個會思考的孩子，以子之矛攻子之盾，靈機擦動的電光石火，每一步我都感受到他內在對自己的思量。

這以後他不一樣了，每天規規矩矩交給我一份乾乾淨淨、整整齊齊的作業，我必然以誇張的情表，驚讚地對他報以微笑說：「哇！今天又是你的命贏了。」而後我給他甲上上上上……，上字一直連續到翻頁。這上字不費事，給再多也沒關係，但是價值連城很好用。我的上字像氣流一樣，一路讓他感受節度自持，收束不放逸原來也這等榮耀。上字可以無限上綱，這契機是因他才點化我的，所以也因而造福到其他孩子，偶爾上字可以像嘉年華會一樣，多到令他們喜孜孜度過一整個上午。

之於他回家不寫功課；有時放學，書包丟在門口，甚至連家都沒進，人就不見了；每天夜裡九點、十點才回家睡覺，這些事我一個字也不曾對他提過，每天他的命自會把他的身體節度得好好的。約莫半個月光景，我又與他阿公不期而遇。他阿公趨身向前，透著一臉不解道：「老師，你用的是什麼方法？你真厲害。我甲伊吊起來打過攏沒效，你真厲害。」

天光地清，我什麼話也沒有說，只搖搖頭衝著他笑笑。

故事太長，怎麼說得清呢？我心裡千萬種感慨，看到這孩子至深的一面是我的幸運，對他，我只有感激。「我的身體我的命」是他教給我的，而我們總是聽不到他們心裡的聲音。父母、家庭、學校……是世界愧對很多孩子吧！

他在找他的路，而出口的方向需要時間。我目送著他阿公離去，而後一個人在山徑上慢慢踱回住處。許多故事看得見的是事件，說不清的是錯綜的心吧！

我們共路一程，過完他的低年級，他升小三時，我離開山上。我是愛樹之人，此後心上只餘山間挹注的微雨清芬，但是走到哪，有樹的地方，心上就有一個「杝」。造字的小孩，這些事再提起，怕他自己也未必記得吧！但我記得，還有他的身體他的命。

06

黑白郎君

一切俐落簡潔，所有的線條都是你，你那個人。我問你什麼叫黑白郎君，你說就是一半好一半不好。你喜歡黑白郎君嗎？喜歡。後來，造形創意獎你拔得頭籌。我看著你，這樣的孩子，我想著誰來愛你。

學校才放暑假，空蕩蕩的校園裡就沒有一個人了。我踱出來，立在簷下，風煙俱靜，七月白花花的陽光苛烈，我看見你打那頭走來。

所有的人都離開了，宿舍只剩下我一人。你手裡拿著一封信，看了我一眼說：「老師，只有你在學校？」

山上的信都集中送到學校下面的小店。你說你去買東西看到了，順便帶回去。拿在手裡，你有些猶疑，遲沉地告訴我說，那是你爸爸的信。

封口已經拆開，我看到那是法院的公文封，因此，我說：「你拆你爸爸的信啊。」

你一臉節制，欲開欲合的嘴裡埋藏了許多東西。

我們互對一眼，你看我的眼神突然變得勇敢，決定性地把信遞給我說：「老師，信裡面寫的是什麼？」

我展開，那是一封法院判決書。我有些沉重，但不想讓你感到壓迫。既不願騙你，但是也不想告訴你實情。判決書裡說你父親吸毒、非法持有槍械、勒索、恐嚇……，前科累累，要服一段很長的刑期。

你神情等待，但看得出冷肅，一心急切再度問我，那裡面寫什麼。

我有些澀手。吞吐道：「你不是看了嗎？」

「我看不懂。」你說。

是了，你當然看不懂，你只是個四年級的孩子，加上你認識的字不多，學習對你來說充滿艱難。

我盡量放淡回覆。裡面是說你爸爸做了一些不該做的事，所以他應該負一些責任。

你輕輕「哦」了一聲，像氣球裡漏出的氣，那眼神很沉很沉，沒說一句話。

「爸爸現在在家嗎？」我說。

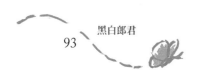

「不在，去給人家關。」你說。

空蕩荒寂的校園，此時像兩千多年以前希臘的劇場，荒煙與鬧劇、蔓草與悲意情結都在陽光下一一蒸炙。

然後你拿回信，靜靜地走了。從舞台一方淡出。

*

是的，我走了。關於爸爸的事，全山的人都知道，你一定也知道。我雖然看不懂字，但是關於爸爸，我總是知道的。我一出生，媽媽就死了，從小阿嬤帶我，我寄養在伯伯家。一天只吃一餐，或者兩餐合成一餐，也沒有怎樣。學校裡如果可以名正言順拒絕我，大概也沒有老師願意見到我。我頑劣、打架、遲到、趿拉著鞋。九點醒來，九點上學；十點醒來，十點上學。我們老師說我像個幽靈，自主來去的幽靈，就是鬼了。到了學校，老師總檢查我的功課，叫我拿出本子。留著本子有什麼用，只有麻煩，我就決定把它撕了。老師在我書包裡找不到本子，我就告訴他，我也不知道弄到哪裡去了。

*

但是，我知道你的本子弄到哪裡去了。

放學後，我和班上的學生去爬山，你也跟我們一起，走的就是你每天上學必經那條路。我們穿過竹林，從一棵巨大的柚子樹下轉彎，山徑兩旁都是橘園。我班上的一名學生是你的堂弟，指著山徑上一路撒落的碎紙片說，這些都是你的作業簿。本子撕得很碎，一路一路撒，山風裡飄飛得到處都是星散的碎片。天女散花嗎？你撕本子的心情是什麼？

「為什麼要撕本子？」

「不想寫。寫寫就不想寫了。」

「撕了不害怕。」

「不害怕。」

「老師會問你要。」

「啊就丟掉了。丟掉就不要寫了。」

你問我下學期會教幾年級，你說想給我教教看。我看著你，面對生命，不知道我們能為自己決定些什麼，開始、過程或結束。或者我們只能這樣，陪你走一段山路。

就在你撒滿碎片的轉角，你指著一棵枯木頂說：「老師你看，那就是老鷹的位置，每天我上學時牠就站在那裡，站很久。」

我說：「那不是老鷹，是大冠鷲。大冠鷲看到你過來，會飛走嗎？」

你說：「會。我去吵牠，對牠丟石頭，牠會怕，就飛走。」

這是你說話的形式，加上動作，純樸不散，野性未除，完全是一頭小獸。我其實是喜歡和你說話的，有機會絕不放棄。但是我們多是私下蹓躂時言談，我從來不曾加入在公眾糾正你的行列。

我看著你，故意換了一個口氣說：「如果我是大冠鷲，我就會把翅膀插在腰上，說你這死囝仔猴，在這吱吱叫，九點十點了，還不緊轉去學校讀冊，還敢在這用石頭給我打，長這麼大漢了，還這麼沒理性。」

我原想用台語扮成火雞母的樣子，借大冠鷲的口很溜地吐出一連串的字罵你，可是我台語不好，點點頓頓，吞吐斷續，舌頭都打了結，一句話斷成七零八落，竟然造成一種奇異的效果。你似笑非笑，瞇著眼看我，仰臉神情異常醉心，緩緩要求我：「老師，你剛才的話再說一次。」

*

啊，那就是大冠鷲嗎？你說牠最會抓蛇，所以又叫蛇鷹，從此我認識了大冠鷲，後來我還真的看到牠抓了一條很長的臭青公。第二天，我在學校走廊上與你相遇，你和我們班的另外三個人在摺紙船，我從後面拉拉你的衣袖。我說，老師你把昨天大冠鷲講的話說給他們聽好不好？那很有趣。你對我笑笑，捏捏我的鼻子，你說，以後上學要早早的，不能遲到了。我只是站著，靜靜地傻笑，很想你再說一次。我每天上學晚，回家也晚。上學晚，是因為不喜歡人家叫我；回家晚是因為家裡不是沒人，就是被罵。我每天醒來，反穿著鞋子上學，踢踢拖拖趿拉著來去。升旗的時候，老師、主任、校長，誰看到誰就來糾正我，教我分辨左腳和右腳，我不是自己走開，就是站著調頭不說話。下課了，許多孩子都在操場打籃球，凱旋勝利，我投中一個又一個，寬闊的操場上，幽幽曲曲的山路上，左腳右腳從來就不能囚困我，但是，反穿鞋子，左腳右腳卻總是讓所有的人不安。

＊

你的反穿鞋子確是奇異，四年級了，不過你不入規範的地方又何止這一樁。升旗的時候，我常常站在隊伍後面，看不同的人去糾正你如何穿左腳右腳，我從來沒有加入那糾正你的行列，不是因為了解，而是因為不需要再重複被拒絕一次。

放學後你總是玩到太陽將近下山。那一天我看你打我宿舍門前回去，你走了許久，而後，我在太陽將近全黑前，突然興起，想走走山路散步。你已回家多時，我在柚子樹下轉彎，不意竟見你蹲在小徑邊上，你轉頭看到我也嚇一跳。山色已有點暈黑，昏昏的氤氳裡，整條死寂的山路沒有一點聲息，你蹲著，看我迂迴循著山路逐漸向你靠近。

顯然你吃了路邊的橘子，我和你對面而蹲，地上乾淨的橘子皮，白白內瓤全新似雪，在山上向晚的暈黑裡，它是明度最高的焦點。

你告訴我，不想走了，休息，想吃一個橘子。我則蹲下來，正好看到你腳上趿著一雙反穿的布鞋。

我看你一眼，忍不住笑了，指著你的腳不經意地說：「為什麼不換過來？」

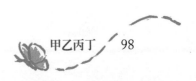

「不要，等一下回家就要脫下來了。」

你一擺手，一扭頭。「穿對我也會。反正早上起來先穿怎樣就怎樣。」

半晌你又說：「不喜歡穿鞋子。」

那一天，我陪你走完全程，我們速度很慢，半路停下來說話，你看我的神情空茫四散，眼神像夢一樣迷離，我問你為什麼這樣，你笑而不答。我再追問你眼神展現的這意思是好還是不好，你點頭答好。

我記得那一次，我和你，還有你五年級的小堂姊及二年級的小堂弟，一起走在這一條小小的山路上。石頭上暗生的青苔很滑，無論我牽你、你牽我，你都不肯，因為你不要牽女生，女生你只會牽你阿嬤。但是，我問你愛不愛我，故意逗你，你笑了半天不語，最後輕輕哈氣說好。

這時候你完全柔軟，所有的逆刺都不存在了。可是你身上的那些刺什麼時候失控，其實完全不由你控制。

走到你們住的地方，而後我往回路走，半途你竟騎著腳踏車推推走走從後頭趕來。你真天才，那山路凹凹凸凸、上上下下，一顛三搖要倒不倒，後面還跟著你的小堂姊阿君和小堂弟阿俊。於是我們又停下來，看花、看草、看蟲、看鳥。我坐在山蔭下，五色鳥咕咕地叫。你高興地跑叫，把單車推倒，不意竟抓一把乾芒草花，打身後塞了我一衣領。我頸子領口滲汗的皮膚沾了滿處抓不掉，又癢又刺，災情慘重。我轉頭問你，是不是不喜歡我，所以這樣讓我不舒服。你僵笑，不動，像中了魔。

阿君不停地幫我拂全身。

我試著微嗔地說：「你也讓我撒一把，看看是什麼感覺。」

你老老實實不動，點頭說好。

我扭身走了，你蹲原處，一臉失神，眼巴巴地看著我們不再同行。

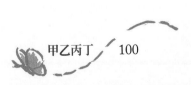

我轉身道：「怎麼啦？來呀！」

你愣愣地稍一遲疑，來了。

你的老師告訴過我，你生氣時失控，高興時也同樣失控。我不會真的生氣，只是要讓你從我的反應中，慢慢學會人與人的分際。

學期結束前，全校舉行化妝遊藝舞會，你給自己設定的造型是黑白郎君。我看你躲在教室裡給自己畫臉，你調水彩，臉上畫得一半白一半黑，兩個大眼圈渾沌未開，蠻荒的錦城，我難以辨識其中的天地游息。

而後你戴上帽子，帽前垂下一層布幔。登台之際吆喝道：「你們知道我是誰嗎？」

大家齊聲叫著你的名字說：「知道——你是林欽洪。」

你雙手把眼前垂幔豁然一撩，彷彿鏘啷一聲鑼鈸，鏗鏗鏘鏘，露出一張臉幕，朗聲道：「答錯了，我是黑白郎君。」

一切俐落簡潔，所有的線條都是你，你那個人。

我問你什麼叫黑白郎君，你說就是一半好、一半不好。你喜歡黑白郎君嗎？喜歡。

後來，造形創意獎你拔得頭籌。我看著你，這樣的孩子，我想著誰來愛你。

*

你知道我喜歡黑白郎君，我就是黑白郎君。那一天我把芒草絮塞進你衣領，我不是故意的，可是我那樣做了。我弄不清楚怎麼回事，我做的總不是我想的樣子。當時你面容肅穆，我心裡一片空愣，我不怕你不愛我，反正不愛我的人多了；但是你一定要知道，那不是我要做的樣子。我是黑白郎君，你看我臉上，因為流汗，黑與白不斷遞減與混淆，不清不楚的中線已經模糊，黑白無法分明，但是，我一直喜歡我是黑白郎君。

07

李仔與王爹

李仔一臉神情專注、確定，他從來不去對一堆不了解的同學解釋他心中的一二三四五六七。王爹蹲在他身邊，期待神情，我站在旁邊，確實感到，那一刻，天地間，只剩下他們倆，所有的人物都消失了。

李仔與王爹是我班上的一對小男孩子。

李仔矮小而瘦，王爹細長而高，我不知道小朋友為什麼這樣叫他們倆，但是想想，好像又確實恰到其分。一有事，王爹慣有的是那一張尷尬不置可否的笑；而李仔短小、準確、俐落。我私下想想，暗自莞爾，領會了小孩們的意思，心中還真是佩服。綽號取得好，謔而不虐，其實恰如其分地表達了小孩間的觀察與感覺。王爹憨笑一副持重樣；李仔精準、斷然，一副俐落樣。

他們兩人都喜歡昆蟲，聚在一起嘰嘰喳喳，十之八九講到昆蟲的時候，聲音不自覺都會提高和加速一、二度。

六月初，我在讀《大自然的獵人》，是博物學家威爾森（Edward. O. Wilson）的傳記。威爾森頗讓我訝異的，倒不僅在他後來的成就，而在大自然對他的啟蒙，他對自己未來的趨向，決心下得那樣早。

王爹是個愛說話的小孩，走路、吃飯，甚至升旗、罰站……，話不離口，可是他愛看書，只有掉到書裡的時候，可以安靜沉浸沒聲息，任憑四周沸水一樣鬧不到他。他看法布爾的

〈昆蟲記〉，〈昆蟲記〉每本都厚厚的全是字，三年級的小孩不受漫畫陷溺，就已經是可喜的事，文字閱讀已快成為一個古老的行業，可是〈昆蟲記〉裡的世界完全吸引了他。

李仔也是下了課就坐在位子上，看〈昆蟲記〉像看武俠小說一樣，一本一本往下看，看到旁邊有人推他撞他也不知道。他每看完一本就跟我報告，不經意地說說內容，說說他發現的事。春天裡雨水不斷，學校裡的沙坑時而閒閒積了一小窪水，有細腰蜂挖洞、築巢、產卵、覆土，他看完法布爾寫的細腰蜂，知識俱足，每有空閒就蹲在沙坑旁一一驗證。上課鈴響，他進教室第一句話就是跟我說，細腰蜂現在又怎樣怎樣了。工程進度報告，我不用出去，但是實際情形一點也不會少。

有一天，我終於有空走到沙坑旁，那情形可真壯觀，地上一個一個打造好的小圓洞，八、九、十隻飛來飛去的蜂兒，這一下具體驗證了李仔的逐一報告。他在旁邊更起勁了，一會兒說細腰蜂的腰有多細，一會兒說細腰蜂如何麻醉了一隻翠綠螽斯，一會兒告訴我細腰蜂埋藏食物的所在……。校園裡隱而微的地方，沒有人注意這樣深而豐富的變化。我蹲在沙坑旁，轉頭看看李仔，他瘦而小，那感覺像我手上的一顆小花生米，可是他臉上放光，熱情洋溢，興奮生動地為我解說了一場生物課。

那一天，週六的田園課程，我們出外做觀察。小山路上，我們沿著石級往上走，隊伍拉得很長，前前後後一行人。小路側一團糞，看來還新，大約解放沒多久，彷彿還有熱氣。一群小孩尖聲怪叫，掩鼻趑趄，迴避著走。他聞聲，一個箭步跳上去，倏地撿起一根殘枝在糞堆裡攪，嘴裡急促地叫著：「法布爾老師說，有糞的地方就一定會有糞金龜。」全班學生指著他尖叫，一副嫌惡神情，引來走在稍後的王爹竄上來。王爹衝口聲援，說的是：「李仔說過，法布爾老師都敢弄糞，所以他也敢，他要學法布爾老師，法布爾老師研究糞金龜就是這樣的。」

我們全班一堆小鬼，傻傻地站在旁邊，不知法布爾何許人也。但是因為王爹的解說，發愣多於了解地站在一旁看戲碼。李仔一臉神情專注、確定，他從來不去對一堆不了解的同學解釋他心中的一二三四五六七。他一臉神肅，一根殘枝在糞堆裡攪，此一刻，他的眼裡只有那一堆糞。王爹蹲在他身邊，期待神情，我站在旁邊，確實感到，那一刻，天地間，只剩下他們倆，所有的人物都消失了。

我站在一旁，山風樹影輕輕地搖，但是心裡很受他們兩人的對話所驚動。法布爾的〈昆蟲記〉是我介紹他們看的書，可是書裡那麼多字，實在沒有期待他們能夠都看完。他們不但看了，而且成為法布爾的信徒，神靈活現生動地帶入生活裡。我心裡的驚動，此二子甚異，是大大出乎了我的所料。

果然，李仔大叫：「哦，哦，好大一隻，條足糞金龜。」

「哇！」我們一群人圍在李仔身邊，看他手上那躲在糞裡、還真漂亮的一隻條足糞金龜。兩隻長長的手臂遠遠超過身長。李仔說：「你看牠前腳扁扁的，就是用來搓糞球的。」

老實說，這是我第一次看到糞金龜，全身黝黑，造型之美，生物的奧祕確實令人驚訝，讚歎不已。我是個資料的提供者，身體力行，如果不是李仔，我永遠沒有可能去認識路邊的一堆糞。

讀威爾森的自傳時，心裡一直不斷浮起的是我班上的一些生活片段和剪影。威爾森從小性向就那樣明顯，他要成為一個生物學家，決心下得非常早。威爾森很早就這樣認識自己，這是我訝異的地方，雖然他有一個孤獨的童年，豐富的自然立刻填補了他一切的不足。他七歲那年瞎了右眼，因為坐在碼頭釣魚，不慎被魚鰭的刺刺中了瞳孔，失去一隻眼睛，使他喪失了立體視覺，卻能清楚辨識小昆蟲身上細膩的圖案和纖毛。十幾歲，他又因遺傳上的缺陷，喪失了部分聽力。這些事使他從此不能看大，只能看小，於是他利用剩下的眼睛轉向地面，終其一生沒有改變。他成了重要的生物學家，螞蟻便是他主要的研究對象。

威爾森不斷地趴在地上，心中燃起的火種，他終身要做昆蟲學家，是出於單純的童年，他說進入自然，要先做一個貪婪的野人。我看李仔在糞堆裡挖尋，一臉專注神肅，那正是他的黃金寶藏，面對自然的時刻，李仔尤其對人為的世界有著明顯的忘情。

李仔有個養殖箱，依生物情態布置，我每看他醉心模樣，真可謂一片深情。班上在昆蟲方面可以和他對話的就只有王爹了，他們兩人無分鳥獸蟲魚，拿著索引、圖鑑、書籍，就像蜂、蟻嗅到蜜糖一樣；蜂、蟻嗜甜，他們噬書。我若是遇上問題，舉凡貝類、爬蟲、游魚、蝶屬……，便找李仔與王爹，他們去翻翻找找，無論雌雄公母或特徵習性，都會把資料找來說給你聽。

威爾森說，先獲取豐富的實際經驗，而非系統知識，才是造就博物學家的重要因素。做一個貪婪野人，什麼學名、解剖都不知道也不要緊，頂好能有一大段時期，只是隨意搜尋和作夢。

李仔和王爹，如果是一顆生物世界的種子，我祈願李仔在專注之外有更多的感性思維與觸發，王爹在情境之中則要有更深刻的動力。感性思維和積極深刻的動力都是沃土，至少可以看出，他們已經明顯具有這樣的原型。

08

月光仙子的天空

我常常看他一個人惘惘地來去，彷彿是習慣了孤獨，所以似乎也很容易快樂。我確定他沒有什麼心機，但有怨氣。生活點滴，他天天處在一個朋儕皆拒絕他的環境之中，孤獨是他自己的，快樂也是他自己的。

他垂目低頭，微笑的唇角似揚未揚，極其委婉地要借一本他新買的漫畫書給我看。那是一本美少女戰士，他鍾愛的寶貝。我掃一眼他的神情，童真與異質的心神閃爍之中，我知道他非常希望而且渴盼和我分享。

粉紅色封皮，裡面的人物一個個都是漫畫美女，閃著水晶一般星芒的大眼，如翻浪一般的妖嬈鬈髮，一個個都青春正盛，然而紙上娃娃，看不出應有的生機與真純。我幾乎不想伸手接過書來，那是一個什麼樣的奇異世界，我早已失去了可以被誘引的年歲，無心探索。但是我仍然順著他站在操場的中央，聽他翻書歪著頭告訴我那是金星仙子，那是木星仙子，那是水星仙子，那是月光仙子……，還有他可愛的小兔妹妹。在我看來都一樣的眼睛、一樣的小嘴，我始終無法弄懂那一堆仙子誰是誰，不過我弄懂了原來那一堆美女統稱為美少女戰士。

三年五班，一個張牙舞爪的班級，初接手我就認得他了。他的眼神清亮，閃著一種奇異的空靜純寂，卻從未如一般孩子那樣有明確的焦點。他對我微笑，如流水行雲，但是說起話來情境飄忽，敘述的每一個情節各自分離完成，皆單獨維繫在一個不相關的點上。

我問他什麼叫美少女戰士？

他稍稍愣了一下，顯得有點棘手，聲音宛如低絮，眼神沒有對焦，告訴我說那太難講，有點複雜，自己去看就知道了。

但是他會說金星仙子如何如何，木星仙子如何如何，火星仙子如何如何……

我一度有很深的厭離，怕看到他，因為弄不懂他。他無法完整地把美少女戰士串連起來，只能讓各仙子分離獨線發展，一如我，手中似乎擁有他許多靈光一閃的片段，但是行遠飄忽，若即若離，若斷若續。吉光片羽，我無法自種種組合他的全貌中，串出他生命內質的關鍵與重心所在，我苦於找不到可以開啟他的那一把鑰匙。

根據種種線索與輔導資料上說，他是個學習障礙的孩子，面對這個資料，我在探索之中。我從來沒有遇到過這樣的孩子，因為不知，也因為不解，所以面對一切的資料我都猶疑在未確定之中。

孩子的母親說，他剛出生之際，醫生判定了屬於智障，硬是要她這個做母親的接受事實。沉苦、傷痛，在深深的哀惋之後，混著輕輕的喟嘆，做母親的決定接受並替他承擔一切。除了穿衣、吃飯、睡覺……，舉凡能代他的，一切都代了。因為不捨，所以那個一生一世的曲折寒愁，母親決定自己承擔，心上的朔風寒光，細針一點點都穿透心肝，沒有人知道未來的路，天命旨意將往哪裡彎。

可是上了小學，經過密集壓縮、緊迫反覆地叮嚀學習，某些學科他可以考到九十幾分，超過一般小孩。醫生當年的誤判，對孩子的母親是另一種驚疑與困惑，疲累的感覺與內裡的慨嘆，做母親的發現在接受了醫生的判決之後，對孩子承擔得多、開發得少，多年以來又錯失了一些什麼。而後他升上了三年級，一路顛躓迤邐，搖搖擺擺他到了我的手裡。

一開始他堅持與二婷同坐；班上有兩個婷，一個謝麗婷，一個王錦婷，他說他喜歡和名字有婷的人坐。啊，啊，我當然依從。二婷不置可否，只要相安，彼此親和那有何不可。我教了許多年書，沒有小孩會對同學的名字叫什麼那樣有感應，他的表達方式充滿了瑰麗的色彩，我靜靜奇納於心，金花璀璨，可那是他隨手甩出來的東西。

後來漸漸告狀的人多了。一會兒謝麗婷找不到本子，原來夾在他的書裡；一會兒某人失了習作，找找原來在他的抽屜或書包裡。他一臉無辜，空靜純寂，眼裡依舊沒有對焦，彷彿所有的東西都是盡心收收，不知怎麼結果竟成這樣，惡作劇的似乎真是造化，不是他。

然後，班上各類收齊的本子一疊一疊完整地置在置物架上，不時會各類缺一缺二不等，遍尋不著。那些本子像幽靈，過了一日、二日，在大家已經想出新法取代方案，有了第二本本子之後，那些幽靈本子，無聲無息，鬼魅一樣又寂寂躺在教室某一處其實並不十分隱密的所在。

班上有人說，教室裡無人的某一時某一日，曾看到他正在關上儲物櫃或實驗箱，不知是在神祕藏納些什麼？這一說，大家紛紛打開教室四周的儲物櫃，所有失落的本子都在隱密角落塞了一堆。他依然那個眼神，沒有對焦，一臉空靜純寂，不知眾人找得快要懷疑自己記憶信心的那個東西是什麼。

我私下問他，藏本子的時候，是隨手拿、隨手藏，還是每一疊都有翻翻看看，在確定名字之後再私藏？他一派安靜委婉地說，是先看了名字後再藏。既是如此，那當然是有特定對象與因由了。

他非常渴盼朋友，卻進不去他渴盼的那個世界。孩子們玩的東西他玩不來，他玩的東西對孩子們來說是個可笑的夢幻世界。他塊頭高大，三年級的男生，進進出出，常常手裡捏著一張美少女戰士的紙娃娃，非常熱切，打從一進門開始，就一臉慎重莊嚴，期望所有的人和他分享他手裡那美麗的金星、土星或火星仙子……。這世界不是個了解他的友善世界，一般而言，三年級的男生是不玩那妖嬈的紙娃娃的。所以他的世界奇異，冒犯干擾別人是他唯一可以用自己的想法強行進入眾人世界的方式，但是在孩子之間只會匯報他的惡行，漸漸地，他成了一個被孤立的角色。我常常看他一個人惘惘地來去，彷彿是習慣了孤獨，所以似乎也很容易快樂。我確定他沒有什麼心機，但有怨氣。生活點滴，他天天處在一個朋儕皆拒絕他的環境之中，孤獨是他自己的，快樂也是他自己的。

是不是因為這樣，他喜歡抓蝌蚪、抓蝸牛、抓昆蟲。我看他把蝌蚪裝在撿來的塑膠杯裡，很高興地拿來給我看。他說：「老師你看，好可愛唷，我要回家養牠。」可是我知道，那其實只是他的禁臠。

他也愛抓毛毛蟲。學校走廊外側種了一排馬利筋，那是樺斑蝶幼蟲的食源。常看他蹲在走廊上的馬拉巴栗旁，看樺斑蝶的幼蟲爬行。我心中總是納悶，那幼蟲根本不吃馬拉巴栗，可是那麼遠的路，十幾隻因何會集中在馬拉巴栗的莖幹上一隻一隻從下向上胡亂爬？後來，想通了。果然，他把馬利筋上的幼蟲一隻一隻往馬拉巴栗莖上捏去，幼蟲由下往上慢慢蠕動著爬上頂梢，他再把牠捏下來重來一次。這世上能讓他掌控的除了蝌蚪、蝸牛，就是毛毛蟲之屬了。我看得心裡乏力而且疲倦，那毛毛蟲是否和他一樣挫敗，蜿蜒曲折，弓身蠕動，到底誰是誰的主宰和上帝？造化之大，誰能超離和看清背後那一隻隱在的手？

他明白馬利筋和樺斑蝶的關係，可是他不明白人世的孤寂和他內裡荒荒的心。我告訴他：「你愛那毛毛蟲嗎？如果你是那毛毛蟲，你希望愛你的人這樣捏你、揉你、把你放到一個沒有東西吃的地方嗎？」他依然是那個委婉神情，眼裡沒有對焦，空靜純寂；可是，相對地，我感到另一頭是一種極盡的乖離，我探不到他內心的開端，他內心的那個原態也就更顯得模糊不清了。

他是一個特別的孩子，有一個我進不去的世界。他有時在聯絡簿上寫：「我今天非常高興，因為美少女戰士的天王星和月光仙子一起作戰呢。」有時候寫：「我今天心裡想，我如果讀高中的時候跟美少女在一起就好了。」也有時他對我說：「老師我告訴你，我今天很高興，因為月光仙子又來了。」

星星有什麼重要？

月光仙子的天空我要如何感覺？

我看他升旗時站立的姿勢，眾人皆併腿併手立正，獨獨他一腳向前、一腿向後站成弓步，身體後傾仰頭，翹首看著藍天。國旗冉冉上升，飄揚飄揚。學校裡的大鐘老師說，最值得敬佩的是他，所有的人都立正，只有他那姿勢是高難度的姿勢，那樣站立，比誰都累。我看著，心裡有些受創，因為無力。天空上，他的月光仙子在嗎？可曾看到他無害的不安，他搞不清楚的人的位置、生命的位置？他告訴我月光仙子又來了，我隨著他的眼光看向天空，心裡知道，出世的時候，他有一個夢幻王國沒有斷盡。

09

中指宣言

一個寬臉男孩，舌頭舔得雙唇濡溼，一邊吸著口水，一邊側身桌案，右手肘立在桌上，對我豎起中指不停搖晃。挑釁意味十足，他的此一舉動很明顯地只在昭告同儕：你看，就是我敢。此外別無意義。

一九九六年九月，我初調入北市，被分發到離家最近的一所山區小學。開學第一天，教書多年的直覺讓我想先進教室看看我的學生。所以我沒有進辦公室，便先逕入教室與眾家諸子照面。

一進教室，一個雞飛狗跳鬧哄哄的班級，眾聲吵雜直衝腦門，尖聲嘶叫彷彿即將衝破屋頂。開學第一天，一群潑皮小子，他們有太多話要說，完全無暇顧及我這個陌生的突然入侵者。我未置一語，走到教室中央，想試探他們的反應。半晌竟然沒有人在意我的存在。

喧囂中，只有我一個人孤寂地立著。許久之後，終於有一個靠近我身邊的小女生抬起頭來問我：「你是誰？」接著，另一個聲音道：「你是誰的媽媽？」好不容易總算有了話頭，嘎！我悠悠地說：「你猜，你看我像誰的媽媽呢？」一時之間七嘴八舌，我成了眾人側目的焦點。

「……是老師，是老師……」只見小嘴金魚般此起彼落。可是大家都帶著一臉狐疑，眾聲喧嘶並沒有因此而稍事收斂。

……我是老師，當然我得說話了。

我說：「大家回到自己的位子上。」我說：「在教室裡說話不要這麼大聲。」我說：「開學第一天要先把教室打掃乾淨。」無非是一些基本言語，我說了許多我說。然後，我說：「剛才老師說的話大家懂嗎？」

「懂。」全班異口同聲嘶得喧天價響。只一個聲音大聲說：「不懂——」尾音拉得老長，逆聲而起，不同凡響。我循聲望去，一個寬臉男孩，舌頭舔得雙唇濡溼，一邊吸著口水，一邊側身桌案，右手肘立在桌上，對我豎起中指不停搖晃。他兩眼鋒芒何其太顯，閃爍間，我當下領會他眼裡的意思。挑釁意味十足，他的此一舉動很明顯地只在昭告同儕：你看，就是我敢。此外別無意義。

我深深看他一眼。一個二年級的小孩，今日是初初升上三年級的第一天，一臉神情還不知天高地厚，卻充滿流氣。從他臉上，我讀出一股動物性的本能，一種純粹的領域行為，我正要侵入他的地盤。我多年教學經驗告訴我，我如果處理不了這一關，擺不平他對我的檢驗，往後的日子可長了。

眾目睽睽之下，我不動聲色，告訴大家，八點老師要去開會了。但心裡想的是，你且給我等著，你這小子豈難得倒我？

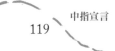

進入辦公室，我第一個要找的是班上的名冊。再回班上，我煞有其事地點名，目的只在找出那一隻獨豎的中指是誰。

千帆盡處，好不容易阿甲、阿乙、阿丙……皆過，船逾江心，已到最後階段，終於他出現了。我叫道：「尤善憶。」

他答：「有。」

我停了下來。沉吟半晌，深深看他一眼，搖頭晃腦道：「尤—善—憶—，嗯……」心中暗叫太好了。他如果叫個什麼張天生、李大偉，我縱想橫生枝節，還找不出端倪，不知有什麼文章可以滋事。這下可好了，我大聲自言自語道：「老師一點到這個名字，就喜歡上這個名字了。你看這個名字多好呀！善是善良的善。爸爸媽媽在取名字的時候，會用這個字，一定表示希望孩子是一個溫和善良、又和氣又有禮貌的人；這個憶呀，就是回憶的憶。憶就是希望別人都能夠記得他囉。一個人希望別人記得他，那一定是希望記得他的好處、他的優點和他善良的地方……」

我一邊說、一邊仔細打量觀察他的表情。他面色豁地一下紅到耳根，扭手絞腿，如坐針氈，似笑非笑，全身曲動不已。此時，全班像一鍋煮沸的水，紛紛搶著舉手、插話，要打斷我的敘述，不停地叫：「啊！老師，老師，不是這樣啦！」

我哪會不知，格外一字一句緊鑼密鼓、字字拔升，吐得密不透風，不露半點縫隙，容不得任何人插入、打斷我的話語，斷了我的氣勢。一場角逐，我完全看出他的無措，魯莽無謀，逞能而已。

下課後，不意間我和他在樓梯口相遇，我一臉詭異地朝他輕輕招手，把他喚到寂無人處，既神祕兮兮、又正經八百地告訴他說：「欸，老師一看到你就喜歡你喔，你喜不喜歡我呀？……山上有螢火蟲嗎？……你最喜歡上什麼課？……你的好朋友是誰？……以後當我的好朋友喔……功課要做……你的字很好看耶……」他一樣扭身絞手，脹紅的臉不好意思地笑，問什麼都低頭笑嘻嘻地答不知道，後來像蛇一樣自我手裡扭走，笑嘻嘻地說：「好啦！好啦！我要走啦！」

他說話好流口水，嘴邊總是亮晶晶一條透明水柱，不停地嘓嘴吸吮，說起話來像下雨一樣，口水亂噴。粗莽無謀，不受管束，充滿魯莽之勇，其實極端愛好面子、愛出鋒頭。他一筆字寫得方正規矩，有模有樣挺好看，可是大字不識兩個，叫他起來唸書卻從不退縮，一個字一個字啃也要盡責地把它啃完。我教他們記自然觀察筆記，他有想法不會寫，極盡責地一個字一個字湊，每寫三、五字問七、八次是常有的事；每畫完一枝一葉一花，也一定拿來等我認可才罷休。功課會不會是一回事，但家課絕對完成，抄也想辦法抄給你。他兩個姊姊極優秀，是學校有名的優等生，但我問他尤見榕如何如何，他完全裝不認識。他這樣一個小孩，我就是不懂為什麼會弄到二年級念完，大字識不了三、兩個。

他二年級的老師說：「沒辦法，我就是被他吃定了。暑假中他竟然自己打電話到我家，討價還價，說暑假作業他只做某幾樣。」

我出任何作業，只要有變化要思考的，他鐵定死透。看這情形，定期評量時國語科我出兩份試卷，一份正卷，一份副卷。副卷只給少數幾個程度差的孩子考，重點只在考他們的認字和分辨的能力。

他一考考了八十六分，高興得到處炫耀，一副大有信心、江山從此收復的架勢。我其實知道積重難返，路還長遠得很，但只希望他能跟自己比，看到自己一次又一次超越從前。

他一樣在他的逞能無謀、走路搖擺生風中過著少根筋的日子。冒冒失失，狀況頻出有他，靜定謀略無他，但是口水漸漸不流了。最嚴重的一次是我去研習一週，代課老師管不了他，他和同學又起勃谿，一生氣竟出奇不意跳上去咬到對方腋下一塊肉皮綻裂。那傷口位置簡直令人匪夷所思，卻是血淋淋的事實。我回來，他一樣一臉莫名、不知所以，就像他學來的壞習慣，在失卻判準又無力掌控下，一頭單純的獸，只有本能，一如他糊裡糊塗豎起的中指。我看著他，覺得我們彼此都好像是對方的傳奇人物，彷彿彼此之間都有那麼一點匪夷不解，因而變得深不可測。所以我確定如果我在，他一定不會發生這種狀況，因為彼此之間有著安全的張力。

一年期滿，我離開這所學校。他們升上四年級，可以想見，再來的無論是哪個老師，都必得先經過他們的洗禮。

兩年過去了，他們升上六年級，總算是盼到這個可以總領群倫的最高年級了。學校裡的老師告訴我，校外國語文五項競賽，他自告奮勇，極力爭取要代表學校參加朗讀比賽。老師很善意，既不拒絕他，也不潑他冷水，但告訴他最低該到達的基本標準。他每天一早必然準時報到，舌頭每天唸得要翻三轉五轉，但是鍥而不捨。我們都知道個中極限，但仍祝福他金石可鏤。

他真是勇猛，包括他不會的各類學科也勇於嘗試各種競賽，可惜了就是短缺謀略。我有時記掛他，揣想他不知什麼模樣了。一回開車行經萬壽橋頭，竟然看到他跨著腳踏車在橋頭十字路口等紅燈，一臉左顧右盼，張惶粗勇，仍不出那個莽撞神情，不知天高地厚。山路上下迂迴曲折，真虧了他怎麼騎到這大街中心。傻膽飽滿，想到我們初次見面的情形，他必然不會記得我記得的那個樣子，但是我希望他記得我說的：「善就是善良的善；憶就是希望別人記得他的好。」我搖下車窗大聲叫他：「尤—善—憶—」他倏然轉頭，張開的嘴好像一聲無言的「啊」在風裡飄。

10

養動物的小孩

飼養、關心、責任、書寫，點滴在孩子的生活事物裡呈現……透過生活觀察與記錄，這是孩子最直接的面對與最真實的學習。我服膺於一雙雙童真的眼睛，一切的學習都是從生活開始。

一九九六年，我到一所田園小學服務。田園小學位在山邊，山雖不深，但草茨荒清，演替的次生林裡，鳥獸蟲魚亦自有其聚生的密度。我帶著小孩出野外，上田園課程，發現他們野地的知識豐富，眼觀動靜，耳聰目明，任何風吹草動，他們都有洞悉的能力。

我永遠記得他們根據聲音指著天空，告訴我那是大冠鷲，一隻成鳥帶著一隻亞成鳥學飛。我驚異他們初初升上三年級的年齡，可以那樣精準地判認出亞成鳥的特徵，臉上乾淨俐落的神情，透露著一股純熟的篤定，情表之自然，立刻讓我體認到他們進入小學，兩年紮實的田園課程可不是白費的。隨後，我們種地、除草，低下頭來，四圍隨時的山風、蝶舞、蟲吟、鳥鳴都與我們一恁自由自在地在野地裡呼應著。

那一年學校走廊上種了一排馬利筋，引來許多樺斑蝶，小孩與蝶在廊下飛的飛、奔的奔。當然，許多幼蟲就在這種情境下啃著馬利筋漸漸長大。後來，我們每週一次觀察並記錄幼蟲啃食的情態與成長的速度。樺斑蝶的幼蟲色彩鬼豔，那顏色和模樣也驅敵也嚇人，但是小孩司空見慣，尋常一般，拿牠當了學校裡的一員。

小孩生猛，機趣無有設限，與鳥獸蟲魚同屬自然一國。我看他們畫筆隨興，率意而且盡情，筆意自由，線條靈動得很。整整一學期下來，生活筆記點滴皆在其中，鳥獸蟲魚皆不留白，個中鮮活，是一本很好的生活、自然與學習記錄。

獨角仙觀察筆記

10月9日

今天我發現有一個卵已經孵出來了，牠喜歡捲成一團，我量牠的直徑是0.5公分，拉直的話是0.9公分，牠的頭是咖啡色，身體是白色。

我把牠捉起來放在一個盒子裡，裡面放土。那個盒子是透明的，容易看到，可是我一把牠放在裡面，牠就不知道鑽到哪裡去了。

我看書上說牠很會吃，所以我和爸爸就趕快去買土。我要看牠一個禮拜吃多少土，現在的土是172立方公分（2.5 X 12.5 X 5.5＝172）。

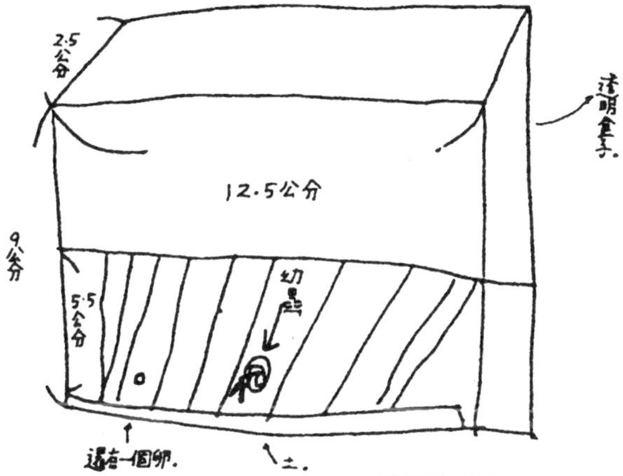

（李致緯 繪）

10月31日

今天我把獨角仙吃的土倒出來，發現牠還活著，牠跟上次我看到的獨角仙幼蟲完全不一樣，比上次的幼蟲大了很多。

牠現在的頭上有一粒一粒凹凹的洞，很像一個理光頭的人。

牠的鋏子是黑色的，很像是紅圓翅鍬形蟲的鋏子，被牠夾到了以後，覺得很癢，也有一點痛痛的。

牠的眼睛只有一點點，像一個螞蟻的頭。

身上有一節一節的，很多，不好數，因為牠一直動來動去，一節一節的，有點像毛毛蟲。

屁股裡面是腐植土的顏色，身體裡面是黑色，皮膚是半透明。

身上有一條條細細的東西，很像葉脈，還有咖啡色的毛。

（李致緯 繪）

身上氣門共有十八個，一邊九個，氣門和身上的毛一樣是咖啡色。現在牠們的體長是2.6公分，寬是0.5公分，捲起來的直徑是1.3公分。牠現在是二齡幼蟲，牠大得很快，從一齡到二齡沒有一個月。希望牠趕快長大變成成蟲。

樺斑蝶觀察筆記

12月22日

上次的新芽最大4公分，上面還有一隻樺斑蝶的幼蟲，樺斑蝶的幼蟲身上有白色的條紋，像是馬利筋的再生芽。

12月31日

我發現新芽長到8公分長，比上次多長了3.4公分。就像許多小孩在一棵竹竿上長大。我發現有棵馬利筋上面有

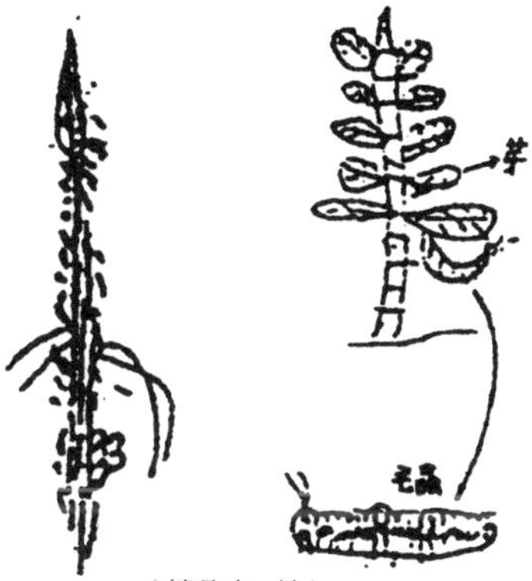

（趙鼎夫　繪）

好多的蚜蟲。

1月5日

新芽長了10公分，比上次多長了2公分，真是愈長愈大了。

我在旁邊，也看到有三棵馬利筋的葉子都不見了，只剩下光禿禿的莖。上面全乾枯了，好可憐啊，真想讓它再活起來。

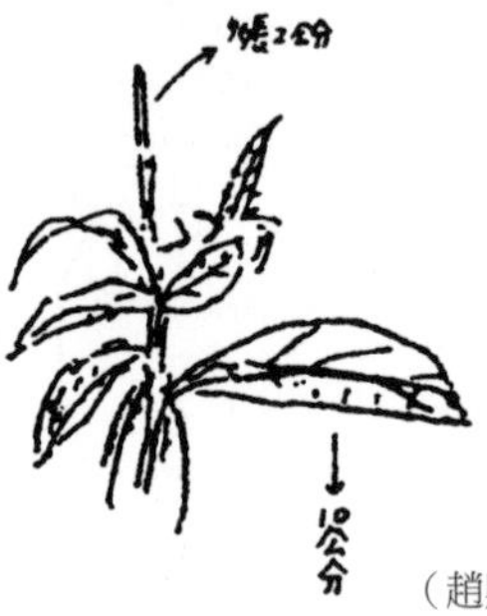

（趙鼎夫 繪）

1月15日

今天一到，就看到許多紙貼在窗台上，原來是校內科學展覽的作品，有研究茶的，也有研究馬利筋的。今天看到上次的葉子，已經長了11.5公分，可真大啊！比上次多長了1.5公分。

現在天氣有點暖和了，我看到上次枯掉的莖，上面有了葉子，然後再配上幼稚園的音樂，它們就能有更快樂的生活了。

後來我離開這所學校別往他處，學校老師很喜歡這個結合了自然教學、生活教育以及圖文創作的情境完成，把它當作一種有機教學，在生活裡統合各種經驗，每學期一個主題，以最平常的素材，編織了一個一個美麗的夢，完成了許多極富創意的生活記錄。

我雖然離開了，但是每年仍然收到他們的創作記錄，因為他們將之彙整成了小書。一、二年級的山區小孩所會的字詞有限，剛學的注音還是熱的，但是情真意足，稚嫩的筆，簡單的語言，整本小書風貌極為樸素，拙趣所在令人十分喜愛。

他們的第一本書是菜圃裡的記錄，小菜圃裡種的是A菜和油菜。從鬆土、整地、選擇種子、播種、灌溉、施肥、除草、捉蟲到收成，每個人都積極參與活動。在整個活動過程中，小孩觀察了種子的發芽、成長、開花、結果，更觀察了蝴蝶、瓢蟲等昆蟲的產卵、成蛹、羽化。他們記錄了觀察的結果、感受與心得，稚氣地寫，拙趣地畫，小心眼裡的語言化成了一篇篇圖文並茂的記錄。我讀他們的文章，一九九七年三月八日是他們一年級種下種子的第一天，其中有小孩這樣寫著：

老師帶我們去種菜，先發給我們種子。A菜種子像黄瓜，是黑色。還有一種菜，老師不告訴我們是什麼，要長出來才知道，種子圓圓的，好像小彈珠。我們把土裡的石頭挑出來丟掉，把土弄得平平的，再把種子種下去。

其他的小孩，有人把A菜的種子形容成像香蕉，有人把A菜的種子形容成像瘦瘦的小水滴，當然，大家都在期待那個不知道的種子長出來是什麼。

三月十二日小種子發芽了，他們的記錄是：A菜的葉子長得細細長長的，變得像兩粒種子。另一種菜兩邊的葉子像愛心。

他們還畫了圖。畫一條細細的線代表莖。菜圃分成兩塊，一邊的莖上是兩片細細的葉，一邊的莖上是兩片飄飛的愛心。旁邊還蹲了兩個矮矮的小人，那是正在觀察的他們自己。

三月十五日小菜有點長高了，他們拿尺量A菜兩公分，另一種菜也是兩公分，而草有八公分。接著有趣的是，他們發現：「我們又沒有種草，草就長出來了。」

（張致淵 繪）

而後有人帶雞屎來，小菜菜長了第三片葉子，好漂亮呀！漸漸地，他們發現有兩片愛心小葉子的原來是油菜。真是好呀，伸手探觸泥土，一切在動作與過程中發現，所有的現象都是經由觀察，由自己整理得來的。

再下去蝸牛來了。紋白蝶來了。紋白蝶的幼蟲將油菜剃了光頭，但是也有人說：「蝸牛吃了一口油菜，我們來了，牠就躲進殼裡去了。」

每節下課他們一起去菜圃看菜，七嘴八舌討論為什麼青蟲把油菜吃光光，卻不吃A菜。而後老師把一半油菜罩上紗網，接著九天春假再回來，他們發現了蛹。其中一個小孩記下：「網子外面的油菜光禿禿，網子裡面的油菜肥嘟嘟。」並且畫了三畦菜圃：一畦A菜，一畦紗網罩著的油菜，還有一畦只有一點一點的沙粒，像剃掉的鬍髭短渣。小孩的觀察和表現真有趣，令人莞爾，素直精準，看來這彷彿也是人生的哲理，簡拙素樸便見許多品味。

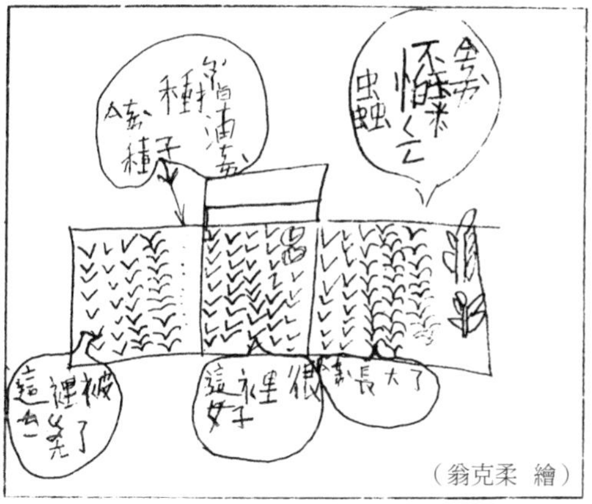

（翁克柔　繪）

而後，二年級了，配合自然課程，他們養小雞。

第一天他們給小雞印腳印，取名字，一隻叫小花，一隻叫小美。這是他們的新寵，大夥兒錄下小雞的聲音，每週印一次腳印，看看有沒有變大。可是三個星期後，小美不見了。散亂的羽毛，許多血滴，到處是蛛絲馬跡，但是悲慘的結局，真正的元凶只能推測。傷心中，大家為落單的小花找伴，新來的三隻裡，有一隻是跛腳的小乖。小乖的腳是歪的向外翹，走路不是用爬的就是用跳的。大夥兒手忙腳亂的為這些新來夥伴量身高測體重，小乖因為腳歪，身高最難量，其中一位小孩寫著：「小乖好可憐！牠的腳從生出來的那天開始就歪到外面，好像傷殘兒童一樣，但我還是很喜歡牠，因為牠的身體胖胖的，非常可愛。」

小雞愈來愈大，這段期間他們可一日也沒有閒過。

雞糞拿去種菜，有人會去詢問種出來的菜會不會有雞糞的味道。

下課在操場，每個人要輪流跟小雞玩一分鐘，然後抱著小雞回教室寫日記。又畫又寫，然後有人發現，為什麼公雞的腳後面還會多一隻腳趾呢？

運動會上，他們的節目就是跳小雞的舞、表演小雞。大家忙著做雞冠、做翅膀，有人發現公雞的特色比母雞多。

（張貴雯　繪）

雞不斷地長大，他們要忙著為雞兒搬新家。大雞欺負小雞，他們要忙著討論處理的辦法。元旦連續四天假期，各自回去與家人商量認領愛雞回家，互相叮嚀得養胖一點回來。

這期間還有小花誤吞了圖釘，小孩心痛無奈，但是每天觀察小花的大便，記錄原來是綠色，現在變成了黑色，而後推測圖釘刺傷了胃，每天期盼圖釘生鏽會從糞便裡排出來。

但是這一切都不及雞生蛋來得轟動，喜訊傳遍，驚動全校。竟然有人向外去借公雞，舉行結婚典禮，期盼受精的卵可以孵出一窩小雞。他們發現生出的蛋上有水也有血，生蛋後的雞屁股一開一闔，溼溼的。透過觀察，他們判斷生蛋非常辛苦，可是雞很高興，他們也很高興。

（翁克柔 繪）

小孩親自參與了整個活動的過程，從孵育、成長、生蛋乃至生命教育中不可或缺的死亡，在觀察作業中都有完整的敘述。他們有付出、有期待、有挫折……，在學習與現實生活結合的過程中，他們同時學到了知識、語文、繪畫以及人際關係、空間知覺與自我認知、解決問題等能力，過程的精采與動人，真真實實地豐富了他們的童年。

後來他們又養了一隻兔子，取名「魯巴」。魯巴鑽來跳去，一團渾蒙，輕易就擄獲了孩子的心。

他們摘各種草，擺成圓形圍著魯巴，看牠喜歡吃哪一種。魯巴吃咸豐草、酢漿草、桑葉、川七、蛇莓、龍葵，也吃蘿蔔以及各種青菜。孩子寫著牠最不喜歡吃的就是藿香薊。不幸的是，這也有失誤的時候。有一天，誤採到被噴了殺蟲劑的草，造成魯巴意外死亡。

孩子的傷心自不在話下，不過生活中的原味當然也包括眼淚。孩子寫道：「有人太懶惰，不剪草，就用除草劑。」他們重回現場，看到大片的草確實日漸枯萎。從眼淚中學習判斷周遭的環境與安全，採草也要選擇，這又是他們日常生活中一次深刻的體會與學習。

飼養、關心、責任、書寫，點滴在孩子的生活事物裡呈現，許多情境不能教條式地羅列，也無法設計，但是從生活中經歷，沒有比這個更深刻的了。

翻開他們的自然生活記錄，圖與文並茂，一派天真無染，令人

（李亮緯 繪）

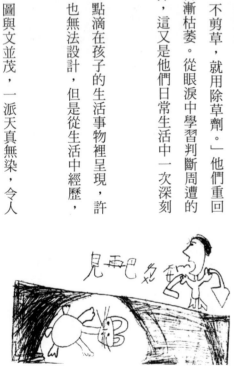

愛憐。所寫的動物日記，機趣未鑿，稚言稚語也令人動容。

大人寵幸小孩，一部分因為小孩是個渾物，時而不能講理，只能任地嬉鬧；小孩寵幸小小動物，一樣是因為懵懂渾然，兩個渾物聚在一起，便是一片爛漫童真。魯巴活著時受寵，死了埋在黑黑的洞穴裡也還是看得見的，透過孩子的眼，牠有情有表地躺在那裡，小孩童真的心眼可以無礙，自如穿過一切。透過生活觀察與記錄，這是孩子最直接的面對與最真實的學習。

教育即生活，這是杜威（John Dewey）的理論。來自生活中的經驗，孩子們從接觸中探索、發現，這些圖與文之所以深刻，令人感動，是因為不可預料；雖有成人相伴，但許多的渾然之中自有天數，經驗學習來自於最真實的生活。我服膺於一雙雙童真的眼睛，一切的學習都是從生活開始。

瑞秋・卡森（Rachel Louise Carson）面對自然，以充滿詩意的筆調陳述所見所思所感，她對自然的衷情全在字裡行間。她認為任何訓練都不及懷抱著發現之趣，純粹顯現出與孩子分享的歡欣。她在書中說：「縱使我們大部分人都能擁有明晰的視力，卻無法洞悉對美麗與令人敬畏之物的單純本能，這本能甚至在我們成年之前便已喪失。」所以她說：「小孩要一直保留天生的驚奇之心，至少需要有一個大人陪伴，與他共享、重新發現我們這個世界的喜悅、興奮和奧祕。」面對孩子熱切而敏感的心靈，讀瑞秋・卡森的《驚奇之心》讓我想到曾經，我與孩子面對自然那一段來自於生活的探索歲月。

11

給我把棍子拿來

有時大人和孩子都像林下的蔓藤植物，各自在自己的甬道中日夜不息飛速地穿行，總在短暫的交會之後，一刻也不能停留，又急速地各自轉往他方。可是，雖然有時距離頗近，但看不見彼此。

重回都市那年，我帶班級。暑假為孩子設計的作業裡有項生活議題，其中一個題目是：請寫出一句爸爸常說的話。

三年級的孩子多數寫的是「還不去做功課」之屬，親子間的對話其實非常貧乏，通常不外乎指令、說教、供需。有個孩子寫的是：「幹！」這是他爸爸開車時最愛講的一句話。引我注意的還有另一個小男孩，寫的是：「去給我把棍子拿來。」

這個小男孩又瘦又小，每天佝僂著身子，極為安靜，像個小老頭。我和他說話時，他總低著頭，從來不敢和我正眼相看。

孩子的父母親都是高學歷。父親是會計師，財經碩士；母親是師院教授，留英的博士。我沒見過孩子的母親，但開學時見過孩子的父親。父子兩人一樣瘦削，所以看到孩子的佝僂，我不甚為意，只道是體型遺傳。直到讀了這句話才讓我警覺，它凸顯了這孩子的怯懦與沒有自信的背後，有著許多其他的因子。

在課堂上我們天天見面，這樣的距離是親子更近，還是師生更近？哪樣比較容易聽到彼此的心跳？表面上言，這孩子一切按部就班，言語作息大致沒有問題，但是這樣背景的孩子夾在父母的自我追求、學位與工作之間，總讓我感到生命的孤獨與不由自主。交錯、繁亂，有時大人和孩子都像林下的蔓藤植物，各自在自己的甬道中日夜不息飛速地穿行，總在短暫的交會之後，一刻也不能停留，又急速地各自轉往他方。相互牽連，可是，雖然有時距離頗近，但看不見彼此。大人有他自主的選擇，而孩子呢？在幽暗裡，當各自深眠的那一刻，誰又是誰的天使？

我教這孩子兩年，他不大像別的孩子會膩在大人身邊。三年級剛開學不久，他父親到學校，當屬禮貌性見見老師，所以也是禮貌性對話兩句。這位父親有些澀訥，我也不善酬酢言語，但總感覺他身上帶著某些心情，只是沒有說出心裡真正的話。另一次是他為孩子送件忘記攜帶的物品，沒什麼要事，不過匆匆一眼，也讓我感到其中尚有言語。但我如何能夠得知，該如何在互不相關的微粒間對生活中隱在的問題發言。和他父親僅此兩面，孩子在學校則一直都很安靜，和同學間難得有個勃谿，不過都是生活點滴，也算不得什麼芝麻綠豆，他也從不爭辯。

三年級而後四年級，日復一日，一樣又不一樣的日子。

一天，班上另一個孩子的媽媽拿了一百元來找我，說是在她孩子的書包裡發現的。她從不給孩子這麼多零用錢，追問之下，孩子說是杜宣誠給他的……。此事確不尋常，我細意聆聽，沉沉的心裡有一抹遙遠遙遠的訊息自天外破空而來，「給我把棍子拿來！」杜宣誠就是這個安安靜靜、又瘦又小的孩子。

我後來知道他還同樣給了許多別的孩子每人一百，甚或兩百，給不完的，就在回家路上偷偷埋在土裡，否則，即使扔了也不帶回家去。

這樣的事已經許多次了。這回是趁他爸爸睡覺時，從衣架上爸爸的長褲口袋裡掏出來的。

問題的癥結還在家裡，我不想讓這孩子再被痛笞，但我必須與家長聯繫。

我再度翻出孩子的學籍資料，一番心思細細琢磨，我是要去為孩子做關說的。責打不過表象，重要的是隱在的背後。

經過種種推敲，我知道他幼兒時期，媽媽遠赴英國攻讀學位，有長長的一段時間在鄉下跟著祖父母長大。媽媽回國時他回到台北，是已屆入學年齡的孩子，重新謀合，他有個學成回來的媽媽。

與家長聯繫後，等待的日子裡，我注意孩子的動靜。他一般無聲，按時作息，我多麼希望他這個桎梏趕快過去，重得自在。

這一回到學校裡來的是媽媽。我禮貌地稱她是老師的老師。她赧然連迭不敢不敢。接著便讚美宣誠一年級的妹妹，這妹妹聰明健康、善體人意種種，宣誠則是令她傷透腦筋，完全不像妹妹，很多壞習慣是小時候養成，就是教不好等等。而後她說：「我總是跟宣誠說，你為什麼不跟妹妹學學。想到自己也在學校教書，實在不好意思。」

我靜靜聽完，深覺她說的一切都是：面對孩子的問題，我們處理的往往先是自己的面子。在比較之下，十指永遠各有長短，但是它們也各有各的角色。妹妹出生的時候，已經過了家中最局促的那段日子，在父母呵護下，她的小又永遠比哥哥更需要照顧。出生的時間不一樣，成長的環境也不一樣，安全感左右孩子至深的內在，哥哥永遠是被要求和被忽略的那一個。成長需要學習，但不是競爭和比對。「比較」常令人只求齊頭的平等，忘了立足點的不同。這道理沒有人不懂，但距離的盲點，問題總在愈切身的時候愈失卻判準。理性需要距離。冰凍三尺非一日之寒，冰解三尺當然也非一日之暖，可是我們老忘了時間，總想以立即的竿影去解千年累聚的冰原。

他母親比我年少許多，解三尺冰原非一日之暖，心力是要費的，但是大人可有耐心？如果願意多些陪伴、多些鼓勵，每一個狀況的發生都是一個轉機。河水從上游的梗阻中流下來，流到下游，流經平原，終將出海。我期望每個孩子都有一個出口，都是一條通向大海的水域。和孩子的母親相談之後，我相信孩子的成長是要等待時機的，什麼時候才是適當的時機，這點慧心是大人需要和孩子一起成長的，關鍵的時刻唯愛而已，幾無規矩方圓可循，沒有任何人的情境是完全相同的。不久，孩子旋即升上五年級，這個分界，我期願對他是一個全新的開始。

12

無邪有雨

這是一個速度的年代，大人面對孩子有時缺乏耐心，與其帶著成人的權威短兵相接，倒不如傾聽，打開對話的機制。但如何聽？許多癥結的端倪，只出現在那靈光一閃的片段。

孩子總歸是天真的，但是也有他們的煩愁，透過書寫最容易窺見他們心中的蛛絲馬跡。把他們的日記和生活拼湊起來，往往頗有蹊蹺，有時守著局部，在片段裡靜待事情的發展，我但願最後看到的起承轉合都是喜劇。

在山上教書時，我讀這樣的日記：

今天我到溪邊玩水。

當我的腳踩進水裡，就感覺到有一股很清涼的感覺。

再聽聽風吹草動的聲音，多麼動人啊！

我看到樹葉在動，頭也跟著動了起來。樹葉動，好像在叫我們來啊！來啊！一起來跟我們玩吧！

這些風景，我看都市的小孩恐怕無法看到。

都市裡的孩子呢？寫的是這樣：

我住的這條巷子有一點寬，左右鄰居都很好。我們這棟公寓有一個好鄰居，他拿一個大袋子讓大家丟信箱裡的廣告紙。

這條巷子常常有貓和狗。有一次我要去上英文課，看到巷子裡有一隻好大的狗，嚇得我不敢走出公寓，幸好媽媽來帶我，不然我就不能上英文課了。

公寓旁有一間裁縫店，每天放學回家都聽到他們在做衣服的聲音。最近放學回家常看到一個假人，上半身和下半身被分開了。我在想，一定是做衣服那家的，放在那裡愈看愈好笑，每次放學回家總是先看到屁股和腳，光溜溜地倒在那邊，然後再看到上半身也光溜溜地在那邊，真是笑死人了。

寫這兩篇文章的小孩同樣是四年級的女生，在不同的時空下我經歷她們，有幸共處過人生的片段。一樣素淨的年歲，不同的成長情境。杜甫說：「濁醪粗飯任吾年。」生命當然是各有天性的，難說什麼才是誰的鐘鼎與山林。面對無法抉擇的道途，有太多未知的起承轉合與發展，無論誰會走更遠的路，我對他們都只有深心的祝禱，唯願這些孩子們都能儲有足夠的能量。天道酬勤，天命酬順，無論如何，人人都能在笑談中一路安度天險！

但是，我也讀孩子這樣的心聲。這孩子就是我曾提過的阿戊。有一天他在日記裡寫：

老師您喜歡不喜歡吃魚呀？我是非常喜歡吃魚的啦。但是爸爸只要跟大家坐在一起吃飯，就算有山珍海味我都不敢吃，只有爸爸不在的時候，我才會夾大魚大肉。所以奶奶常說我和妹妹都是老鼠，爸爸是貓咪。但是我覺得奶奶是狗，爸爸看到奶奶，就要尊敬奶奶一百分。而我和妹妹看到爸爸，就像是老鼠被貓咪追的樣子，很狼狽，真恨不得地下有一個洞，跳進洞裡面安安心心睡個大頭覺。

從魚寫到吃，從吃寫到爸爸，面對生活中的感受，孩子的比喻看起來有突兀的地方，但是一點也不失真。訴說生活中的感受多麼深刻，沒有一個虛字。這個孩子善於表達、捕捉生活的片段，敘寫人物不拖泥帶水，面對日子是個言說精準、非常有感覺的孩子。譬如他寫他的妹妹：

妹妹每天都在幻想有一位王子親她一下，讓她從夢中醒來。除了當一代美女，她還想當男生。有一天我跟她說：「想當男生和一代美女，差得遠呢！我看你還是不要想比較好，要不然會傷心。」妹妹說：「在我心目中，我永遠都是最美，永遠都是男生。」

我常常欺負妹妹和比我小的人。妹妹不乖的時候，奶奶就會叫我打她，所以我妹妹一看到我就會趕快跑，這是她想當男生的原因。但是妹妹有一招叫魔鬼音，我時常被魔鬼音震到十三步之外，所以我學了一招叫做星星點月，常常把她嚇得半死半活。

我怕妹妹，妹妹也怕我，這就叫作一物剋一物，也就是大自然的法則之一，例如弱肉強食、生老病死也是大自然的法則之一。

有一天妹妹從學校回到家裡，她說：「你看我有借書，你都沒借。」我就跟妹妹說：「有什麼了不起，等我跟上了老師規定的進度，就可以進電腦教室玩電腦了。」接著妹妹又說了一句話：「電腦它是一個很笨的硬體，沒有人下定指令，電腦就在原地不動，也沒什麼好玩的地方。」可見妹妹是多麼不懂電腦和小磁碟片、大磁碟片。

稚情稚語，多麼精采，這是他四年級的文章，那時他妹妹讀二年級。字裡行間精練無比地透露了許多訊息，家庭特質、兄妹個性、生活背景、兩兩間的互動關係……。這樣的作業，我從來不把它只當作業，靜靜收在心底，它是澄澈映著月光的湖水，時不時細細的波紋在心間起落。解鈴還需繫鈴人，裡面有著許多上天的鎖碼，留著給我，要在適當的時機，以石破月，個中祕辛，我要賴它點化孩子，出離某些心間的困頓。

這一對長在山上的孩子生得圓潤俊整，是當年極惹我疼愛的一對小兄妹。阿戊常逗引我和他戲耍，說東說西。學校運動會時他說：

今天下午，第二節課發生了一件事情，就是我們的大會舞是扇子舞。我就去問老師，那些扇子是學校出錢，還是各自買各自的？老師回答：「學校出一半，然後每一個學生的父母也要出另外一份的錢。」

我想說如果是這樣的話，那想都別想，因為我爸爸很少拿錢出來給我們兩兄妹花。我看大會舞是沒有我的份。老師出的這個點子對我一點都沒有用。

那一年我們全校不過四十來個孩子。我告訴他這事還沒定案呢！不過他的話還真影響了我們的決定。

也因此，當我有一天看到他的另一篇日記，就一點也不覺得奇怪了。他寫道：

我是外星人。

我有一個願望常常不敢說出來，因為我怕別人會笑我說：「笨蛋才會想當外星人和笨豬。」

如果我真的是外星人，我一定要把一些人整得七上八下、生不如死，所以每天每天都在想，要是我是外星人的話，我應該做什麼事呢？吃飽睡、睡飽吃嗎？但是別人會罵我是豬、不是人，所以還是作我的白日夢吧！這樣可能會對我自己好一點。

我問他要整的是哪些人？可以偷偷告訴我嗎？

他的回答其實只有一個，就是爸爸。但是最後他決定，把一切都留在他的白日夢裡。

他很愛看書，雖然住在偏遠的山中，可是言語和文字都極有色澤，那是閱讀啟迪了他內在的優質吧！山上的歲月還好有書給了他一個創發和想像的世界。他每天寫日記，所以我寧願他少些憂慮，在知識和生活的迷惘間多些創發性的複疊和排比。例如他寫史前動物：

> 老師您知不知道在新生代的時候，有四個牙齒的大象和毛很長的大象，還有牙齒很長的長牙虎。我希望我能有很多很多個史前動物，然後帶著那些史前動物到學校來秀一秀。然後大家一定會對我說：「阿戊給我一個好不好？好不好啦？」我一定會說：「訂金五十元，現金兩百五十元。」我就不信他們一定不會買。

他又對事物的名目有興趣，所以有一日他對「公主」一詞大發議論：

> 中國人叫皇上的妹妹和女兒為什麼要叫格格，不像西洋人叫公主呢？還有公主為什麼要叫公主，不要叫其他的名稱呢？例如：女公子、女才人、女人、女生、女笨蛋、女黃瓜、女老鼠、女鬼、女蟲、女怪、女仙、小姑、小人、小魚、小球、小心……等等。

那皇上是不是就跟國父一樣？那麼國父的女兒就要叫格格、兒子就要叫太子了，對不對呀？我想應該是不對吧！

這是他小小的心靈，有著種種困惑。諸多名目，他只淺淺地揭開了其中一角，生活於他並不圓滿，但世界於他還是新的，在這困惑裡，他終將要走出去。有一天，他對著花大發議論，在日記裡透露了他的情性，他這樣寫：

大地的身體是不是都是花呀、草呀？我想答案應該是不一定，因為花要足夠的水分和土、陽光。例如火山地區、海水地區、冰雪地區，那邊的溫度不一樣，所以花草是不能活的，所以種花的時候一定要想好地方才能種。我希望我家前面有一大片芒草，可惜柏油路不會吸水，要不然我一定要把全世界的芒草種子統統拿來種，我想我這個點子還不錯吧！

老師您喜歡什麼花？梅花、蓮花、桂花、百合花、水仙花、腦袋開花、長天花、三八阿花，這麼多種花，老師您會喜歡哪一種？

老師您應該知道，花對我們人類是多麼重要呀？它們只要把花粉傳到雌花的子房，就可以結出我們能吃的果子和不能吃的果子，由此可見花是多麼重要呀！所以千萬不能踩死花草樹木喔！

他喜歡串連，又好發逸想，每發逸想便大事網羅各種名稱，看得人頭都昏了，但他可是自有一番思路推衍，有意思得很。我看了每覺興味無窮，在意趣裡玩味他那小小的腦袋，他喜歡的竟是芒花，真是不同凡響。

我想到秋風裡芒花白頭，一片蕭瑟，四年級的男孩懂得欣賞此景，是否已經太老？還是，他諳知芒花生命力強，能生長於其他植物所不能生長的地方，柔軟，堅忍，有土地的地方就有它。

我希望他有朝一日勢如芒花，紛飛的種子在咻咻的秋風裡更行更遠還生。漫天飛花，韌性不折，他就是那一株壓不倒的蘆葦。

只可惜他爸爸不能識得他的好，孩子遇到他還真像種子遇到不透水的柏油。不過火山地區、海水地區、冰雪地區的周邊其實也都有植物，苛烈的環境裡往往出人意表，會有更豔麗的花朵燦然開放。我希望他是一朵奇葩，未必要盡得眾人讚賞，但他必然會有能力，終將成為他自己期願的顏彩。想到有事沒事他喜歡找我閒話兩句，我也喜歡找他逗趣，多年來，他一直是我心中惦念的孩子。

這是一個不再從容的年代，在速度裡，大人被生活壓縮，小孩被大人的忙碌壓縮，比起山上的孩子，面對家庭，都會的孩子或許背負了更多的期待與相對的壓力吧！

這個世界資訊的速度在瞬息之間，透過電視、電腦，許多流行在山上與都會等步發生，而且愈是次級文化愈是沒有時空。但在內心的表達上，比起山上孩子的質素，大都會的孩子在書寫上，就某些情況言，有時似乎更懂得以迂迴與隱藏的方式敘說心事。

有一次作文課，我們講到故事中的借喻、隱喻以及寓言中的假託。習作時，五年級的男孩交來一篇名為〈雙面母豬〉的文章，他是這樣寫的：

這是大豬和小豬的故事：母豬和小豬出去買菜，一路上經過的事物和回到家裡的事物，可以說是一百八十度的轉變。

有兩隻豬去買菜，買了很多的菜。母豬偶爾會遇到牠的朋友，聊了一會兒，買的東西全部都是母豬提，還牽著小豬呢！大家都說母豬是用心良苦的好媽媽！

但是回到家，大豬要小豬將菜放在冰箱，將魚肉放在冷凍庫，把弟弟要喝的奶粉、爸爸的菸放進倉庫，把米倒入米缸。

之後豬媽媽坐在沙發上看電視，小豬還要拿考試卷給大豬看，成績是八十五分。這時大豬不停地罵小豬，突然電話響起，大豬就用非常親切的聲音講電話。挨罵的小豬覺得這個世界實在太不公平了，牠真的非常想要長大。

十年過去了，小豬很高興牠終於長大了，牠要活得自由自在，不受大豬的控制，不要再有雙面豬了。

讀了這篇文章，我心裡是震動的，有著很深的難過與警惕。以我長期和這對母子互動的了解，孩子對母親一直有著激烈的反抗，母親極度積極參與孩子的成長，但常有痛心的責難。這篇文章一下點醒了我，串連了我疑惑未解的一面，孩子的文章明顯影射的是他與母親。這樣的隱喻、假託讓我謹慎地應對孩子，因為個中訊息早已超出了作文的範疇。我對孩子說文章寫得很好，就故事言，敘事明快流暢，可是要好好想想老師提出的地方。

其一：在動物的世界，成長的過程中，大豬教小豬做事，這是很重要的學習。你能說說，為什麼小豬會那麼厭惡在家裡做事呢？

其二：大豬對小豬扮演嚴母的角色，但是面對別人不能遷怒，不同的對象不同的事，條條分明這是基本道理，你認為是雙面豬嗎？

其三：當小豬長大，有一天自己也有了孩子，如果牠對自己的孩子也有很深的期待，你覺得牠應該如何對待自己的小豬呢？如果小豬心裡也有不平，你會給牠一個怎樣的建議？

其四：豬媽媽顯然不知道小豬心裡的想法，你替小豬想個方法，如何能巧妙地把心裡的感受表達出來，讓豬媽媽能夠了解？

本子發回去，這臨場我還在扮演不折不扣的大人。我當然在等待孩子的反應，但是一般言，我的反應也是一般大人的反應吧！窘在問題的癥結裡，不見得會看到事情完滿的結果。孩子怎麼想我不知道，但是我知道成長的事不會立竿見影，面對孩子，有時需要費更大的心力面對家長。

這是一個速度的年代，大人面對孩子有時缺乏耐心，與其帶著成人的權威短兵相接，倒不如傾聽，打開對話的機制。但如何聽？許多癥結的端倪只出現在那靈光一閃的片段。福至心靈的一刻需要善巧慧心，電光石火只在方寸之間，幾乎無跡可尋。父母、老師和孩子一樣需要成長，但大匠不能示人以巧，任何方法都不過只是規矩方圓而已！需要自己體會。內在的成長在善於觀，也在善於等。觀在發現，開啟隱在的疑竇；等在掌握最對的時機，切中關鍵，講出最好的言語。我喜歡閱讀孩子的日記與文章，那是開啟許多關鍵的密碼，令人有多重角度的思維、觀照與探究。透過這些文章，我也在學習，學習等待情境，發現反向的提醒；學習表象之外，掌握天邊飛來的一絲吉光片羽；學習面對孩子不要只看到缺點；許多道理重點在行而不在知。

孩子無邪，但也時在雨中。翻閱孩子的文章，我雖簡略許多情節，然而文有盡而意無窮，那些空出來的部分，且留給偶爾還記得自己童年的人想。

13

孩子和我

孩子難管，因要管得靜而不呆、活而不油。與孩子相處的日子，真是一部說不盡的二十五史……。漸行漸遠，也因了孩子而日漸深沉；漸行漸遠，也願孩子因了我們而更沛然敦厚。

教書迄今，近十個年頭了。其中四年只教音樂，整棟大樓上下都是我的學生，也都不是我的學生。遇上了，七、八個話匣子四下開唱：「音樂老師好。」大概我是喜歡音樂的，當下從不覺得這個稱呼有什麼不對。直到去年，我班上二年級的孩子說：「今天社會老師罵人。他說他教社會，也會教國語、數學、自然……還有美術。以後不准叫社會老師，要說鄭老師好。」這是字眼兒學問，真是此中有人。想起借題發揮，忽然意識到這是自己學都學不會的幹練，心底便有一絲絲落荒的慘然。

其餘的日子，一個人對一個班。教師手冊裡稱這是每一分鐘都需要關愛的日子。我呢！把零星、雜沓的日子拼湊起來——生活極不完整，和這些小賴皮各說各的，打得渾沌一片，其中卻有大半事情與手冊全不相干。現實沒有系統，無論是教育哲學還是教育心理學，太合理化的總不免令人生厭。

其實世上該厭而未厭的事正多。兩年前，我獨居山邊，下了課對著一室寂寂，駭人心驚的是半壁牆上的巨幅月曆。一窩幼雛方才破殼，那麼認真的眼睛，真是可怕；乾淨見底，彷彿出世第一眼就看得是我，太初的俐淨，審判人的嚴厲。

孩子的活脫生猛，往往在有意無意之間，手冊裡愛心太過整齊，全無生趣浸潤；至於雜沓中的有序、喧囂中的清澄，心酸、眼亮，霎時又為現實汩沒的艱難，關於手冊便是一些全不相干的事了。

一九七八年十二月十六日，星期六，中午我下課回家，收聽廣播才知道我國和美國斷了邦交。星期一再見孩子，日記裡他們寫著：「一回家媽媽就告訴我，美國和共匪建交了，我氣得哭了，真不知道我們的國家會成為怎樣的國。」孩子總還是孩子，但也慷慨響亮，不可欺瞞。後來，我把班上一連串發生的事說給人聽，大家都驚詫這只是個四年級的孩子。其實我相信，革命的志氣，都是在童心的正義裡生根。

歲末深冬，捐機報國運動正如火如荼。天氣那麼森寒，他們健康、無邪的臉上滿滿的盡是至情。孩子的志氣尖銳肯定，篤定地舉起小手，不驚不慢地說：「這件事引起了中國人的生氣，我們要好好地站給他們看。」

是了，站著就是答案。愛國捐獻，十歲的小男孩子捧來一只撲滿，小豬的背上已經劃開了一道三公分見方的口子。就是那三公分見方，簇嶄全新的口子，我們的命脈在此。裡面不是百元大鈔，一個鎳幣是一個孩子至情至意的步履；一個鎳幣是一個孩子儉約謹守的德行；一個鎳幣是一個擲地有聲、可如金聲振玉的梁棟。我只教他們孔融七歲讓梨、曹丕十三歲而稱大象，皆有那樣的軒朗大度，現在是小兒女的卓然自立，其軒昂響亮，遠遠超過了我教給他們的。

是年春節將屆，學校裡又發起了一人一信運動，一個小朋友寫著：「敬愛的三軍將士，我們差不多每個人都寫一樣的信，怕不要把三軍將士煩都要煩死了。」這樣的擔心真是童心婉轉，孩子是從來都不讓人起恨意，這是人世裡一切深情有致的源頭。

童話裡有關於一棵樹的故事，依稀記得大意是說：歲月有季，事物有時，大地的園裡有一棵天生的樹，愈長愈高，眼界也愈寬愈遠。春復春來，它一心想往別處發展，可是根愈深柢也愈固。於是，樹認真地結好了種子，託付給風，播送到遠方，另生出一棵漂亮的樹。生命有著不可思議的神祕偉大，信念為有所託，故事執意得令人靜極。風和種子是一種自然生態，但季節與生物、生物與環境，息息相因已屬艱難，何況於人，那到底不是一件容易的事。

儘管創造生命的只有生命本身，歲月傳承，說不出開頭，也說不出結尾。但本命元辰，孩子是萬古悠悠裡的一點新的力量，天真中的野氣，驍勇中的蠻勁，孩子真是激烈，迸出的活水源頭，你保不定會朝那個流向。

染於蒼則蒼，染於黃則黃。我們的種子遍布大地，是不是風裡也都飽蓄著深情的託付。

如果教了三年級以上的孩子，照例每星期要唸熟兩首詩的。我不說「背」，是因為怕「背」字太顯嚴肅，令人生畏。養成習慣，只要每天早晚各唸數次，下午放學當童謠般的一路喊下樓去，全不苛求。孩子們只當好玩，順其自然，節奏竟也乾脆俐落。有時他們讀著讀著，我笑出來；全是有口無心，坐著聽久了，便覺得整個人都淹了進去。

有一次，我說〈回鄉偶書〉的故事，一個孩子似乎是傷心了，我一誇他，他竟笑了起來。這種傷心其實即是喜悅，很晴朗地在得意自己全懂。有時我想，將來他們長大了可能愛詩，這一片素心渾樸，是依稀的溫暖和親近吧。

國語課本裡有一首〈夏夜〉的詩。唐詩唸了一整學年，教完〈夏夜〉，循例該試試了。孩子們寫的〈夏夜〉多半這樣：「夏夜蚊子真可惡，趕快點著威力霧，蚊香點完一片霧，迷糊不清真可惡。」霧到底，意想不到的迷霧，卻是寫實，所以像放煙火似的一路熱鬧地飛著小金星。另一個小女孩寫著：「夏天夜裡蚊子多，人見人厭真可惡，蚊子喜吃紅紅酒，跑來跑去像穿梭。」這讓我想起，有一次深夜歸來，這孩子的父親深醉橋邊，狂飲後的超忽，險些要去撈月。

一篇一篇唸著，下面送上一首打油詩來。以我的名字押韻，顯然這是即興。「成福有個吳季賢，煮的飯菜都太鹹，大家吃了哇哇叫，以後不准再放鹽。」這王正寶好大的銳氣。我知道選出的詩裡沒有他的，來者不善，顯然這是挑戰。

這學期中途，班上轉來一個小男孩。白皙，挺俊，背後卻有個殘缺複雜的家，他的父母都各有幾度婚姻上的合和。孩子非常優秀，敏銳善感，成績品德都讓人憐愛。他說：「我大媽恨我，我爸爸也說他沒有能力照顧我了，如果沒有我，大媽會把爸爸伺候得像老太爺一樣。從前我住在新城的時候，每天放學只好到新城兒童圖書館，裡面的書我全都看了好幾遍。」提到圖書館，孩子黯然的眼裡開始發亮。

他的願望是要做超人、英雄和畫家。

這以後，他畫漫畫、編故事、演雙簧，玩的時候一樣一樣都少不了他。

此外，他編武俠故事，一天一段送給我看，像報上的連載，要故意逗人口味。

那天他畫漫畫，細細密密的黑色線條，一筆一筆是要畫掉他亂密如黑髮的心思嗎？站在他背後，我說：「古幼恆你快樂的時候多，還是愁苦的時候多呢？」他咧嘴一笑，是不是幾分傷情？

「如果一天有十小時，我大概有兩小時完全快樂，兩小時在重憂愁，兩小時一半快樂一半憂愁，剩下的四小時腦子裡什麼都沒有，大概是真空。」我摸摸他的頭，喑啞無聲，即使語言又能承載什麼？這番話，只是一個三年級的孩子而已。

同班的孩子在為一塊糖撒潑的時候，他在擔心被寄養的日子又將何處，那個空空的、荒荒的、狹小的一席容身之地，不是他的家。顛簸困厄，我常探到他沉默中的潰散，這個苦孩子的失常，千載可有淨土，傷心自是教人分明！

私下去見了孩子的親生父親和母親，每人都有一場苦訴，公婆有理，近乎沒有分寸的負氣。重要的是糾葛難堪，孩子的磨難深了。

期末最後一天，他又要轉學大園，逆途正遠。辭別的時候，孩子們一擁而上，親他、抱他。他只是絞手、揉眼，傷的是心，但是不哭。

面對孩子，我是毫無心肝地看了全場。現實惡俗，不徹底的恩怨滄桑，我有時瞧不起人，也不太瞧得起自己，生命不絕，辜負與毀棄也就不斷。

為此，我有時面對太幸福的孩子，心裡總是無端惆悵。愈是幸福滿溢，哀感的心愈是沒有理性。在教了幾年音樂之後，我堅持想帶一個班級。就在那年，也是一個家庭不幸的孩子，生得極黑極紅，滴水的一口白牙，激灩中有著更多的突異與不馴。

剛開學，名字還未及認熟，孩子們就指著說他是打架大王。他趿拉著鞋，上衣脫了幾個鈕釦，黑紅的臉上逼著一雙白眼，恨不得即刻飛出拳來。教室裡，一條陣線，兩頭對峙，他是孤立的一邊。我不信是非當真是這樣壁壘分明的絕對。

他的球鞋一直穿到鞋底已經快去了一半，我拿張紙畫了他的鞋樣，小孩子的一雙大腳！我們更深的關係就從這雙球鞋開始。

漸漸知道得多了。

他做水泥小工，默然可以砌到半人高的牆垛。

而誰又知道他掮著水泥，停下來看一群玩瘋的孩子，臉上的笑意總是羨得痴了過去。誰知道他擔著磚頭，默無一語，所有的潑皮無賴都成了另一種婉順聽話。誰知道「媽媽」是他一個空惘的眼神，迢遠難及。誰知道他的烈性刁潑，是為掩飾心中極度的不安，若是一旦矮了氣勢，多麼軟弱可欺。

那一次他衝著我跺腳。是營養午餐的時候，那一餐他不肯多吃，只拿了半個饅頭。先是害羞抵賴，矇混說他吃飽了，後來被迫急了，他一跺腳，聲音如擊鼓催花，字字中節道：「人家晚上要去吃喜酒嘛！」真是聲滿天地，回答我的聲音竟是這樣的理直氣壯。我呆了幾秒，盯住他的臉不放，饗飧世故，竟是這樣一本正經的銳氣。老僧化緣，囊袋裡的乾坤就是這樣心思坦蕩！

第二天，日記裡他說：「今天晚上爸爸帶我去吃囍酒，我很高興，一直吃，一直吃。」小小的格子，他竟滿滿地填了一個雙喜，那樣一個高堂華燭、鼓樂鑼鈸的雙喜，是多少艱難裡的豔麗，一個小小的格子，沉酣而滿足地訴盡了人世的辛苦與盼望。

過去的日子，木愣渾噩，也曾是麻痺鈍化的。

一回，一個小女孩子在浪木下跌傷了腿，嗆嗆呼呼的一群人從操場盡頭一路喊進辦公室。我扔下飯盒，看見鮮血由膝蓋一直染到襪子，像挨了一把大刀。我素來懼血，駭得麻了過去，不知怎麼手裡抖著一塊血溼的紗布，心裡生氣，卻沒忘記狠狠罵人。十分混亂的場面，一抬頭，還不知哭聲已止，孩子臉上僵乎乎地托著一雙大眼，靜靜看我，我一下子把半句話咽在口裡，中間十萬八千尺的立了一堵冰牆。

從不認為時間可以治療一切；發生的永遠發生了，心裡只期望它對未來是一座警鐘。

把教書的年頭一個一個地數回去，頭一年裡，凶神惡煞似地瘋狂。如何忘得了呢？那個低年級的孩子上課竟猛啃蔥花麵包，我啪一下給打了下來，孩子決堤大哭，聲音潑皮得好似驚天的放縱，在教室裡迴盪開來，真是震撼。哭是本能，他的哭是不肯受半點委屈，我的驚駭則是心思的粗糙和行為的粗魯。

更追溯到我讀小學時，升學之風正熾，從四年級起，每天坊間的測驗卷一直由清晨考到黃昏。老師的嚴厲只認分數，手裡的鞭子呼呼價響，是一技絕活。舉手、半蹲、爬操場，這些點滴加起來，是當年一般的寫照！小時候我不懂；長大了，夢魘太深。初出的一年是不是身心都不夠成熟？既不知飽含思緒，也不懂理智制衡，只是機械反應：我的老師就是這樣教我。唯我獨尊似的權威，差一點成了惡性循環，極度的壓迫逼人，只有自己知道這種徹底的傷悲。

日後想起，總有許多理由解釋心底的烙印，其實真是難過極了，未經世事的痴愚，我只覺深深的悲哀。

有許多瑣屑的記憶，是在每每放著正經事不愛幹、有一搭沒一搭地和孩子們閒扯時。

「有時候九點了還不想睡覺，可是想到第二天還要上學，又不得不睡，唉！看來睡覺也是一件挺麻煩的事。」

「人麻煩的事多呢！」

「就是嘛！我就常常為這個生氣呢！」孩子一個箭步竄起來，那神情像是遇見了知音，反倒讓我吃了一驚。

又有一陣。和他們約好了中午要寫一張大楷書法，到後來頗有虎頭蛇尾的情形，但我也不說，自己上癮可是一定要寫的。久了，他們耐不住地喊了出來：「你看看、你看看，還是老師最乖。」

仿我的口吻。《京華煙雲》裡有「閒人觀伶，伶觀人」的句子，我們的身分也是這樣的可以調換。

一次，比賽說自己喜歡的東西，到最後變成這樣：

「我喜歡我的一雙腳，他載著我的身子會跑還會跳。」

「我喜歡飛天，我也喜歡鑽地。」

「我喜歡說芝麻開門，它就開；芝麻關，它就關。」

「……。」

真是泫盪人啊！

那時候，校門口有兩棵虯盤的大樹，風在林梢，孩子們一日一日地去掃落葉，臉上奕奕如星的忻喜，樹下的快樂真是不同凡響。有一天，一夥兒在樹下說伊甸園的故事，說著說著沒有了時空起來，一個小男孩當即指著身旁的女孩，要討回他的肋骨，小女孩紅著臉說：「你神經啊！」我笑得像個神仙，孩子真是大化。這樣相親，卻是動乎險中，不落情緣，滿滿的蠻不講理，但不起鬥意，我只覺自然裡超乎文明與無明的力量要歸返上帝去了。

仰首望天，樹梢金光華麗如夢，把一懷深致閒情，就著山風，細細密密地都織在樹下了。如今離開，每天面對車水馬龍，才啞然當時是大意了。

有時真是不想改日記了，可是賴著賴著，這又使我嘆出聲來。

「下午，爸媽都在睡午覺，我沒睡午覺的習慣，就起來寫毛筆。第一篇全是永字那個一點，要轉一個圈。」我不知道他怎麼樣轉那個一點，但全篇是畫不完的一個永字。在一個寂寂的午後，天地是那樣長久。

「我有一本全中國地圖的書，雖然很破，可是我很喜歡，那是爸爸以前讀軍校的時候，賣地圖的老闆讓他們認路的。我就在裡面找爸爸的故鄉——萍鄉。萍鄉的旁邊寫了兩個小字『煤、鐵』，因為萍鄉是個產煤的地方。」歷史是一條不斷的血脈，悠悠忽忽的五千年，那麼長，但是那麼強韌可信。童心如此純拙，可也無言地做了一次往返有無的渡越。有朝一日，他探著了故鄉的脈搏，那撲撲跳的心口，是撇不下的生死相關！

「下午，我看電視裡的電影《梅花》。《梅花》這部電影很感人，有時也肉麻。他們把日本人演得殘忍、膽小，中國人膽大、有志氣。最後日本失敗，皇軍切腹自殺。」孩子常引得人心裡慌慌的悲傷，刺激人的鋒芒。

孩子難管，因要管得靜而不呆、活而不油。與孩子相處的日子，真是一部說不盡的二十五史。有時管他們，他們不聽，我生氣；有時他們要求這、要求那，我硬是鐵著臉不准，他們生氣。橫起來，到底變得他是他、我是我，即使如老師一樣的尊嚴，也未必與他知心。所以又總要把人意來違，但是，情真理足；親而不膩，愛而不狎，師生是本色。更深的是，說不清歲月是否果然有情，回憶中難得的喜悅，那裡面是淡淡的童謠與小調的清嘉。

社會課本裡說：「讀書就像看戲，看戲也像讀書。」鄉下的幾年是要命的快樂與恣肆，幾乎是從開學要玩到放假，還不甘心。可資留連的地方，甚至從一個胖土墩到一片乾水塘，都成了勝地，孩子真是一頁顛狂的山水。

漸行漸遠，也因了孩子而日漸深沉；漸行漸遠，也願孩子因了我們而更沛然敦厚。孩子如果是詩，那麼多一些鹿鳴呦呦的草原；如果是魚，那麼多一些水草浮動的清溪。楊枝淨水，皎月星光，一如孩子初閃的瞳仁。

（本文寫於一九七九年，回首返觀，台灣的變化不可以道里計，收錄於此以為對照。）

14

那一天我們要去看米羅

——一九九七，回溯一年前一所小學開放教育的故事

生命有粗略的時候，生命也有時是需要粗略的片段，而後以蹽向完整與細緻吧。

生命的正向，是祈願能在回溯中修正未來。

一九九七年六月三十日

如果要以一種最平實的方式展現真實，我想日記為首要形式了，當然也有所謂作假，不過那是政治；但之所以作假，也是因為日記的形式容易存真吧！政治的賤處是它常常會汙染所謂淨土。

寫下這一段話，讓我想到京劇。舞台上的探子要密報軍情，因為是機密情報，所以這耳語只能對台下的人講。

一九九七年六月十七日

前兩日有一場國際教育研討會，在師大國際會議廳，其中有一部分和開放教育有關，歐石南邀我去聽，我因為有約在先，所以沒去。

事後聽說有不少國外應邀的代表，澳洲的、英國的代表都來了。其中有一個重要的訊息，據說一個國外的代表說台灣的教育在學他們，其實他們也在觀摩、審慎了解和學習別人，每個國家著重的不一樣，比較起來，台灣是說的部分和知識的傳遞部分比較多。這段話很有趣，讓我想到前陣子讀到的一則社論，文中以一則韓非子鄭人買鞋的故事，拿來諷刺台灣的開放教育還真像量身打造的一樣。根據轉述的這個外國代表的意思，他們在觀摩中思考、評估，台灣的現象他們一語中的。而我們呢，真的是拼裝，只要是台灣沒有的就統統搬回來，完全不知品味，只會把空間塞得像倉庫。

一九九七年五月二十八日

今天在報上看到社論，用韓非子的鄭人買鞋諷刺台灣修憲。鄭人買鞋，到市集才發現忘了帶自己的尺碼，等回去拿了尺碼再來，市集已經散了。這是一個死抱尺碼、也不知道自己的腳在哪兒的故事。社論說我們的修憲諸公就是鄭人買鞋，一會兒法國制，一會兒美國制，就是只會仗著尺碼買鞋，不會用腳去試鞋。我看了真覺一針見血，諷刺得真過癮，可是也很哀痛，因為教改，北縣的所謂開放教育也是一樣，端看台北縣整個教改是個大秀場，一會兒日本的緒川版、繼川版，一會兒英國的夏山版，一會兒校園步道，一會兒各科學習單，一會兒生活護照，一會兒大黑板換小黑板，一會兒親水區，一會兒學習區，一會兒角落區……琳瑯滿目，皮毛得可以；整個教改的大倉庫堆得滿滿的，可是看不到提綱挈領，課程總體的精神主軸在哪裡。說穿了，文化、思考和素養都不必生根，重點只在短短的期間內可以有一些賣點炫麗的秀。教育本質裡的素養、行儀是秀不出來的，那就只好剪輯緒川、繼川、夏山……拼裝版的秀。一九九三年試辦，一九九五年就有美麗的成果展覽。記得那時候，我一直在現場五光十色散落的點裡，想找尋教改的長程方向、階段性的課程精神，找不到。但是厲害的是歌功頌德，大家都說「好」。

社論上說，台灣修憲也反應台灣事事拼裝的文化，還真對。根據這種文化無限延伸，開放教育也弄成這樣，黑板換成白板，習作換成學習單，日本緒川開放空間拼湊英國夏山自由意志，牛頭硬對馬嘴，還真如社論所說，必成為世界教改史上一大發明，以及中國五千年來的第四大發明。

想起八十四學年度我還在北縣服務，整整一年大家探索不斷，因為開放教育的訊息，大家接收的是思想解放，多元的思考探索角度，哪知所有的異向思考都被蓋上戳記，竟然成了一種隱然相同的白色迫害，開放教育真是其勢洶洶，不堪微微分析與觸碰啊。想到此，由一則社論延伸，我倒該去翻一翻我的八十四學年度一整學年的日記了，舊的日記，曾經的記憶啊！

一九九五年十月十二日

上週全縣校刊評審，因為參與初、複審工作，三天公假不在校內。回來，學校竟然冒出許多大事。學校裡從來沒有如此不平靜過。

一早，阿A老師告訴我，教室要隔成兩半了，因為學生人數太少，每班只有個位數了，大空間隔成小空間，再鋪上木製地板（這是緒川空間觀念的變形拼裝文化之一。一九九七年五月二十八日加註）。校長認為人數這麼少，還需要這麼大的教室嗎？

阿B老師告訴我：「聽說黑板要拆了，大黑板要換成小黑板。」

「開放教育一定要先拆黑板嗎？大黑板很好用耶！」阿C老師走過來，無限眷戀地說。

阿D老師說：「我很需要大黑板耶！大黑板很好用，我們一起去跟校長說看看大黑板能不能留下來，人多比較有力量。」剛好升完旗，大家一夥聚在辦公室裡談黑板的問題。

校長說：「開玩笑，開放教育要那麼大的黑板做什麼？人家緒川也沒用那麼大的黑板，我們去森小參觀，森小也沒用那麼大的黑板。你們不要那麼保守，一點都不開放，開放教育為什麼一定要那麼大的黑板？」

老師們紛紛說需要大黑板的理由。阿B老師說要尊重使用者的感受。阿D老師說上數學課的時候很好用，一次好幾個人同時解題，不同的完成方式、不同的思考路線同時展現，一次同時討論可以清清楚楚。阿A老師認為都市的教育環境太擁擠了，我們偏遠學校大的空間不是正好使用嗎？為什麼空間一定要按比例縮減呢？

校長衝口下了斷言：「你們要大黑板是為了省事嘛，給學生板書抄作業……」

阿D老師說：「我來這個學校這麼久，我們從來也沒有人靠抄板書給學生上過課……」

《呂氏春秋》裡有個故事，說楚人配的劍在船上不慎滑落水裡，他趕忙掏出一把刀子，在落劍的船沿刻下記號，等到船靠岸了便請人沿著所刻的記號下去打撈。死守一個法度做標準，船已經移了位置，這和《淮南子．說林》的削足適履、把頭砍小一點戴帽子，不是一樣的嗎？

說了半天，一點討論的餘地也沒有。

這是一個推動開放教育者面對事情的思考模式，遇事不必討論，只有結論的態度。思想解放不是那麼容易，推動開放教育骨髓裡的東西其實沒有改變，處在基層，第一陣線的交手最接近真相。教室裡的黑板我最清楚，那是我調入這個學校第二年才全面換新的，至今不過六年，一面黑板使用六年，全台灣要拆掉多少面？

一九九五年十月十三日

沒想到，一大早阿B老師告訴我，他昨天打電話到人本教育基金會，輾轉找到S先生，問森小為什麼使用小黑板，是不是開放教育就不能使用大黑板？

S先生說：「拜託，森小不用大黑板是因為森小沒有錢，他們只能買得起小黑板。」

一九九五年十月二十日

黑板還是決定要拆。多日以來為了黑板之事伏流不斷，但是仍然徒勞。據說工程要在學期結束前完工。老師們反應，這麼突然，為什麼不等放寒假？學期中影響兒童上課，諸多不便。行政的說法是等不及，一月底有人要來參觀。

哇！一切都在為開放教育做準備。我們這所學校九月開學才換新校長，兒童特質、學區自然環境與環境資源、特徵……等都還沒弄清楚就工程不斷，一波波的拆拆建建沒完沒了。

一九九五年十月二十三日

我想趕在黑板還沒拆、在推入倉庫腐朽前做個掮客仲介一下，所以趁第二節下課去建議校長，是不是可以打個電話給森小，告訴他們，我們有一批拆下來的大黑板還很新，想送給他們。如果森小說他們行開放教育不要這麼大的黑板，那就表示今天我們這樣是對的。

校長一聽，非常生氣，一邊扭頭就走、一邊憤憤地說：「你不要跟我說這個，你不要跟我說這個……學校的東西送不送又不是你這樣看……。」

一九九五年十一月二日

工程已經開始了，教室陸陸續續動工，拆下來的黑板丟在外面，教室裡整面牆上留下一個大印子，警醒刺目。阿B老師整天手裡拿著V8一幕一幕拍下深山小學這一幕，要為北縣開放教育做見證。

一九九五年十一月九日

或許生命的每一步、每一個時期，都在匆促和措手不及中存在了、成長了。無可避免，沒有什麼應該必然是在一切準備就緒的情形下完成，因為世界從來就沒有就緒過。疏失的部分，其實也是另一種空間或者思考方向。生命有粗略的時候，生命也有時是需要粗略的片段，而後以踱向完整與細緻吧。雖然覺悟總是嫌晚，矯治和造就不易，然而站在關節骨脫臼的分界點上，迷亂，薄弱，疼得只得粗暴地叫爹叫媽，路總還是要走下去的。

學校真是紛亂，每天叮叮咚咚敲打不斷。一場教育改革的大工程，在我們這個小山坳裡沸沸騰騰進行，更深、更令人迷醉、使人自願趨近向前的東西我們還沒有看到，但是建設改造之前先來的一場震動就在眼前。這是不是開放教育的必然我不知道。我沒看過緒川、繼川，也沒看過夏山和紐澳。一個卑微的小學老師，人微言輕，多麼怕人家說落伍、跟不上開放教育的潮流，但是，這好像一個運動，教改和心靈的東西要靠這樣改造，是新時代來臨之前必有的現象嗎？那教改多像戰爭。

一九九五年十一月二十八日

今天我們帶學生到中正紀念堂去看米羅藝術展。

上禮拜，阿B老師就以幻燈片為全校小朋友上了一堂「米羅爺爺變把戲」，大家在猜米羅的各種造形像什麼，還有找出米羅最喜歡的顏色，以及使用最多的顏色是哪些。小孩很有趣，這一陣子學校好像都很米羅，開口閉口，不知道什麼時候，米羅成了小孩們生活中的一部分。

阿A老師和阿B老師共同設計了一份參觀學習單。到了中正紀念堂現場，啊，好多小朋友，許多不同的學校，幾乎以台北市居多。看著小朋友們在裡面穿梭或者聚在一塊聽導覽，只有我們的小朋友人人手上一份學習單。老師們編的學習單很好，許多別校的老師看了也紛紛來討，我覺得很高興，與有榮焉，可惜沒有帶多餘的。

今天一路參觀完，每一個部分都很好，堪稱完美，大家都高興。只是一路參觀，大家一路冷眼觀察，心裡都受創地記著一件事。

早上遊覽車都來了，出門前學生集合，例行是校長要說一段話！這個例行不知道是為什麼的例行，但嚴重的是從教改的角度看，這不知道暴露了體系結構裡的哪一處宿疾（一九九六年間，黃武雄發表了一篇談到教改還要再等五十年的文章，我覺得教改的根本在思想解放與人文深質，開放教育展覽出來的是檯面上的炫麗，若以這些不經意中洩露出來的原形看，五十年的估計何其樂觀。一九九七年五月二十八日加註）。

早上集合學生，大家坐在操場上，臨行前校長非常愉快，得意地問全校小孩：「今天讓你們去看米羅高不高興啊？」「高興。」「要不要守規矩啊？」「要。」「可不可以亂跑啊？」「不可以。」「要不要聽話呀？」「要。」「能不能丟學校的臉呀？」「不能。」每一句問話完都是整齊劃一的標準答案，沖天喧囂、異口同聲地大叫真驚人。事情到此為止就好了，可是亢奮中校長又問了一句話：「校長剛才講的這些話都做得到做不到啊？」「做得到。」又是一聲喧天價響。只一個聲音細細小小、孤孤單單地從尾端冒出來：「做不到。」引起一陣哄堂。這下校長虎地變了臉，臉紅脖子粗地衝到隊伍中說：「做不到？誰說做不到？站起來……做不到就不要去……」

說話的是蘇裕，對蘇裕來說，他是說了實話，因為做到那些對他來說確實有點難。可是，在校長衝到他面前盛氣地問「說！做得到做不到？」的時候，他低著頭，紅著臉，小聲地說了：「做得到。」

米羅的作品造形和色彩多麼自由，突破局限，有時往往沒有明確的題目，只單純地表現自己心裡的想法，廢棄的東西也可以妙手拈來。

任憑開放教育的口號叫得多響，骨子裡要求的還是從眾行為。看了米羅一天，我還是沒想清楚這個問題，在早上，這樣的情形下，我們出發，今天要去看米羅。米羅與事件，老師們私下討論著，在伏流不斷的日子裡，我們接近真相，因為那是事情的底層。

一九九五年十二月七日

重新我讀米蘭．昆德拉（Milan Kundera）的《生命中不能承受之輕》。

米蘭．昆德拉在敘述一個社會的附和與媚俗現象時，記述一個慶典遊行，那個需要盡力裝出熱情的年代，「鋼管小樂隊伴隨著一個個遊行群體，大家的步伐一致。當某個群體接近檢閱台時，即使是最厭惡的面孔也要現出令人迷惑不解的微笑，似乎極力證明他們極其歡欣，更準確地說，是他們完全認同。」——認同一個規定的方式。

米蘭．昆德拉所刻劃的當局，媚俗作態的樣板充滿了齊一的道德、理想與正義，處處呈現的是昭告世界——你看多麼整齊劃一，我們歡欣地在為大家奮鬥。昆德拉所謂的媚俗，在於只看到和注重表象。當大家都那麼一致迅疾朝同一個方向擺頭的時候，是不是我們也能從難以抗拒的媚俗與附和的陷阱中，心平氣和、好好審視一下一張反向的臉。——那一天我們要去看米羅，我看到蘇裕那一張僵固脹紅的臉。

一九九五年十二月二十七日

學校很快地在大操場綠地中央建了一座溜滑梯，就是滑道像大腸的那種，上下用塑材密合，然後從中間溜過。操場角落原本就有一座地球式的溜滑梯，是舊式的，鐵材鑄造，每年需要油漆一次。新式的是木材、塑鋼，安置在操場綠地中央，精華空間。式樣是新的，但據說花了一百八十萬元。一百八十萬元建一個性質相同又重複的遊樂器材，可真是富豪手筆。

最近學校老師互相談論的是，再接下去又要建一座親水區了，要建在哪裡？大家一時紛紛譁然。

我們十月底去參觀過北縣另一所偏遠地區開放教育小學，其中有一座一百八十萬元裝潢的廁所，也參觀過一座有人來參觀才去開水閥噴水的親水區。主事者在一旁解說親水區中的青蛙、螃蟹、水蝦等各種銅雕，橙橙的黃銅被塑成各種形狀，好大一隻浸在水裡，那些青蛙、螃蟹、水蝦或爬或臥，位置、角度都經過安排。主事者指著水中殘留的兩個鋼釘鉚眼說，這兒本來還有一隻青蛙，後來被遊客拔走了。

一座親水區，據說要兩百萬元，平時是一池止水，只有必要時才打開噴泉，一個被供奉、又被閒置的生態水域，以人工營造在一個山中充滿自然的環境裡，而我們學校在大豹溪上游，從校門出去兩分鐘就到溪邊，溪澗小河淌水，紫嘯鶇、鉛色水鶇飛叫著掠過水面，曾經我們帶學生下去戲水，或者記錄水中的生物指標，蜉蝣、水蠆、溪蝦，以及春天剛孵化的石斑像細線一樣浮在水面，多麼豐富、活生生的一個自然環境。

我們需要建一個閉鎖的親水區嗎？莊子說，你願意像神龜一樣被人用錦巾繡笥包著，供奉在案上被人膜拜呢？還是願意拖著尾巴自由自在地在大地上爬呢？親水區如果建在水泥叢林裡的一個都會國小，那是個不錯的構想，日本的緒川或者繼川小學有親水區，可是硬體建築需要這樣臃腫地硬塞嗎？在我們這樣的偏遠地區、充滿自然景觀的學校，我們需要那麼沒有覺知地抄襲別人嗎？在水域邊建個豪華的人工瀑布，罩上透明玻璃，你是願意這樣躲在玻璃屋裡看著人工瀑布吹冷氣呢？還是自由自在地在一個活生生的豐富自然裡享受山風、鳥鳴、蟲吟、水蠆浮游呢？花兩百萬元，把自己變成一隻伏在奉案上的神龜？我忍不住還是把這個意思說出來，當我跟校長說能不能不要建親水區的時候，校長的答覆只有一句話：到溪邊，還要走出校門。

新派來的校長是北縣開放教育執牛耳的重要人物之一，可是，許多事老讓我想起莊子，想起莊子那一隻伏在供桌上的大神龜。

一九九六年一月十日

教室工程漸漸完工之中，新出來的黑板大小約一個梳妝台的鏡子那樣，教室約二分之一斜角被隔成地板，依設計者的原意，梳妝台般的黑板是要放在教室中央教學用的。學生撞過來撞過去，頗有傾倒之虞，老師們試過之後，皆認為應當靠近邊牆為妥，免生意外。這是設計者的理想和實際上的差距。

想起初始，阿B老師忍不住以空間和設計師溝通，設計師說沒辦法，已經發包了。阿B老師一直強調要尊重使用者的感受，真不折不扣是個笑話。

一九九六年一月二十七日

一年匆匆忙忙，但是我們計畫了很久，希望在學期結束前去參觀新竹寶山國小山湖分校的實驗課程。好不容易抽出來的時間，就只有今天了。

這個課程我曾經接觸過，但是沒能一次看盡，再一次去深入了解是必要的。如果開放教育需要過度放在一個由金錢所堆砌起來的包裝下，搔首弄姿有一個炫麗惑人的外表，至少這個分校串聯的課程，使我在質和內容上比較具體清楚地看到走向和延伸的發展。大家都在談開放，講多元化、生活化，做到和落實幾分實則禁不起細究。琳瑯滿目，到處都是散落的串不起來的珍珠，而這個概念中心的實驗課程，至少在低中高年級的課程進度表裡看到了一條串聯的線。既稱為實驗課程，當然要預留一路有很強的修正性，它當然是需要被分析、被討論的，但是至少可以了解它串聯延展的線索在往哪裡走，幾年下來學生接觸到的一些東西、連鎖的線上串聯的課程是什麼。

我們看了這個概念中心實驗課程方案，蒐集了一些他們的資料，其中三年一輪的主題分七大智能領域，包括語文、邏輯推理、音樂、體能、空間、自我、人際，各年級的設計方案、課程架構以點、線、面、體逐年拓展，至少清楚而具體看到了一個理念和方向。假如其中有偏失，也是一個清楚的偏失，可以明白地有一個推敲的點。

從寶山回來，黃昏到家，到我記錄的這一刻止，我所知道的開放教育，弊端在一直過度的吹噓與包裝，在需要集體捐輸忠誠的情形下顯得躁進，而明朗化的軟體和課程總體的精神綱領沒有出來。硬體拚命臃腫，課程東拼西湊，短短兩、三年內就成為一個全縣的集體共振現象，這就是昆德拉所說的附和與媚俗。一個觀念和思想要有血有肉地生根，這麼快的速度，能騙誰呀！

一九九七年七月一日

日記看到八十四學年上半學期結束。合上，忍不住今日又翻開繼續回溯。下學期開始，直承上學期，荒謬的事依然銜續。開放教育由上向下推行，說穿了其實不出一種命令的專斷。自由可以是一種解脫，也可以是一種假其名的專擅。北縣的開放教育可以在短時間內成為一個集體的共振現象，千萬人齊力以赴，那麼知識性的監督與淘汰、學理性的辯論與批判哪裡去了？集體附和失去了批判力的點，呈顯的是一種成功與理想的假象。由金錢過度堆砌、炫麗惑人的外表，掩蓋了一些什麼樣的真實的路？八十二學年度開始推展，八十四學年即以席捲之風，全縣進入所謂開放教育的時代，風速之快，它不折不扣是個政令，名為開放教育，骨子裡召來的實是一種附和的集體主義，要求的仍是一種集體的捐輸忠誠，對開放教育政令的忠誠，它仍無法變成一個獨立的思考。

想到學校老師的思考、分析與討論，我是直到從參觀概念中心的課程回來，行政方面連這樣的課程探討提也不提，漸漸才弄懂了所謂真正的開放教育，骨子裡不出民可使由之、不可使知之的那一套範疇。所謂開放早就有一個拼湊打造好了的模子，無論深山、海邊、都市，都是齊一的這個鑄模。假設這個鑄模是六角形的，那麼就把現有的環境斲成六角形，所以工程弄得那麼大，到處動工，原因在適應這個鑄模。開放教育不是因地制宜嗎？就基點言，深山和海邊的不同，鄉下和都市的不同。鄉村、深山、海邊各有基點延伸，殊途而同歸。觀摩別人，思考自己，找到自己的腳，才不致老依賴尺碼買鞋。

硬體的浪費，過度膨脹、臃腫，看在基層老師的眼裡，我一直不明白錢為什麼是這樣浪費地用。一台紫外線的飲水機，全校四、五十人的學校裝了七、八台，由於每天流量不夠，大腸菌指數過高，打從一開始就形同虛設，年年抽水驗水質，都在不合格之列……，就某些情境言，真的是籃球的個數比打球的人還多。

世間的秩序是循著一個建構與解構、再建構與再解構、一個辯證不斷的過程往前進。報上拚命在叫教育經費不夠，可是按不上刀口，有錢亂花，水龍頭裡白白流掉的不知道有多少。長期粗廉的教育方式，目前談教改，最迫切需要的是縮小班級人數。一個觀念要有血有肉地生根、化入生活裡去，不是容易的事，為什麼不集中焦點，清楚列出大班變小班的階段性目標，這是一程一程清楚可以看到的數字，而後在這個過程中不斷建構和解構觀念，水到渠成，而不是東挖一下緒川，西挖一下夏山，東拼一點，西湊一點，浪費的部分臃腫得要死，幾年下來，該做的還是沒做。教改實在太遠離基層，立在基層的真相裡，冠冕堂皇的表面，未變的教育行政，官場文化與心態不脫政治運作的可恥，教改何止滿布荊棘，五花八門的秀場與秀態，教改簡直像一則謊言。

15

生態校園與校園生態

不取一芥，不遺一芥，細觀自然萬物的機巧與周密，大自然是一個最偉大的經濟學者，何勞人力多費一工一木？如何學會親和地體會自然，比建個亭台像神龜一樣供著，豈不更為落實？

（二）

一九九五年前後，我在山上教書。那時候台北縣開放教育的口號叫得如火如荼，但是開放的表象下裹著專獨的裡子，高舉大纛狺狺作聲的人，開放的嘴巴上頂著的是一個固鎖的像水泥一樣的腦袋。以速食的態度，消費公帑，殺雞取卵，想要的只有成果。

急功的皮，近利的骨，那個時機，以開放教育為名，校園裡最快最多的建樹，就是增加了許多建物。以為環境、生態，就是把水泥建材改為昂貴的木料建材，裝模作樣地利用木料予人的素質附庸風雅，硬是在許多動線局促的空間裡，左設一個涼亭，右豎一個閣台，名為賞鳥亭、觀景台，沐猴而冠，不是多一個水池，就是多一個遊樂器具。這些建物對生態的建樹以及對風景的美毫無貢獻，為建築而建築，要的只是立竿見影，以建物彰表功績。空間的運用有時要用減法，我們的文化裡，面對空間只知堆疊，不知減略。有限的空間永遠只在視覺裡滿加，對空間的粗暴與沒有自覺，縱然在校園裡，向來也是以習氣與慣性表現無知。

當年的學校遠坐深山，校園棲止在山巔水湄，源頭溪水就在舉步之外，我有時靜坐室內，也見得山鳥在草茨間啄食漿果。可是，當時的校長興致勃勃要建一個賞鳥亭，要建一個觀景台。老師們認為賞鳥不需要亭子，鳥兒不會因為人類新建了一個四角、六角甚或奇異的八卦涼亭而賞臉停棲在人類昧於山野習性的位置；至於觀景台，校園裡既沒有懸崖，也沒有峭壁，哪需要什麼觀景台？直接走入自然豈不更為自然？不取一芥，不遺一芥，細觀自然萬物的機巧與周密，大自然是一個最偉大的經濟學者，何勞人力多費一工一木，如何學會親和地體會自然，比建個亭台像神龜一樣供著，豈不更為落實？可是從來不體悟自然、不欣賞山鳥、不走入山林的人，往往是決策者。

後來人事異動，老師們離開，我也調往他處，直到二〇〇四年我應新任校長之約回山上演講，才重新巡禮校園；發現亭台樓閣一樣也沒少建，而那一次要我談的講題正是校園生態與教學。

再度進入校園，只見那休憩亭局促地卡在上操場狹窄的動線之中，硬塞進去的建物，擁擠的視覺就是一個滿字。更荒謬的是平頂教室一樓的屋頂，被設計成曲水流觴、亭閣水榭的樓台，有碎石、流水、步道，一路導引來者進入屋頂上的涼亭。是賞鳥亭嗎？幾年下來，當我站在那裡的一刻，屋頂已成廢棄的狀態，石不潤澤，曲水不流，我當下的震驚真是無語，不堪到了極點！粗暴獨斷，強人力所為，一廂情願的無知的美意，這樣一個野林幽深的山區，需要在一樓的平頂虛擬營造一個這樣的人工山水嗎？此之謂浪漫？詩意？抑或行政的愚昧？隨後我們從平頂下來，進入一樓教室。慘不忍睹的是屋頂滲水、牆面斑駁，教室裡的地板泛著水痕，因潮溼而變得腐軟，一派凋敝，這哪是我們當年上課的地方？

站在我身邊的校長說他接任以來，極度困擾的就是處理一樓的滲水工程。拍照、申請修繕經費，一次一次的公文往來，縣府駁斥：「當年要建的是你們，現在要拆的也是你們。」校長不平地說：「問題是，這又不是我建的。」

處理善後，前人的愚昧，後人總要收尾。多年過去，所謂的開放教育像一場瘟疫，已如輕煙一樣散去，杳無蹤影，沒想到我會重歸現場。重新見證當年，只留下牆上鬼魅一樣的漬痕，斑雜剝落的屋頂到處都是壁癌。觸目驚心，不必言語，眼前便是現行最深刻的錯誤範例，活生生的現在眼前，為我們做了最悚人的警惕；警惕現場的每一個人，面對空間，這樣的錯誤，唯一留給我們的就是對未來的警策。但是，我們要怎樣才能真的以誌不忘呢？瘟疫過後，我們的記憶能維持多久？

（二）

離開山上的日子我再度回到城市任教，後來因為推動校園兒童共讀的緣故，得以有機會進出許多大中小型或新或舊或近或遠的學校。因於喜好，進出校園，不意間我總會瀏覽校園裡的建築與植物。許多學校竭盡所能保留了老樹以及稀有物種，與社會、語文、數學、藝術等領域結合，發展本位課程。校園裡有老樹見證的歷史，也有因老樹而流傳的故事。對環境的覺醒，這是一個重要的開啟。我在學校裡推展閱讀的時候，最愛說的就是校園裡有兩件事非做不可，今天不做明天就會後悔的，一是閱讀，另一就是生態。

台灣有許多百年小學，老學校雖囿於情境，在硬體建設上有許多不可改的現狀，但老學校有老學校的風情，紅磚、拱牆、老樹，在在都見證了一段歷史。這樣的學校即使在都會中心，如果有心，依然可以在有限的空間裡，營造出小而微觀、豐富多樣的生態景致，只要稍事了解生物間互動的關係，栽植是最簡而易行的一種方式。

面對老學校，我更在意的是觀察一些十年上下的新校園。這些新的學校，每一步都在創造自身的歷史，它們將以怎樣的角度對未來交代。環境教育講了很多年，本位課程行之有年，台北市也一度積極推動田園小學，然而總觀言之，從這些新設立的校園可以發現，觀念是觀念，課程是課程，知識停格在殿堂。號稱觀念先進的新學校，設備一流，有開放式的圍牆，有人工造景的小丘，但實際上徒有其形，它不在生活裡，像油與水的關係，除了園藝造景，校園能為周遭的生物提供怎樣的互動，環境、生態實則與生活是脫節的。

一般言，我們對植物無感無覺，所以我們不懂得選擇，校園裡只要有樹就好，植栽不出園藝範疇。再加上我們太喜歡磁磚文化，不僅牆面要貼磁磚，想盡辦法連地上也要貼得密不透氣；不貼磁磚的地方就鋪塑料ＰＵ，這些新成立的學校，大致說來不出這個共同的特徵。可怕的現代校園因何會弄得如此苛烈荒旱，彷彿每一寸土地都要鋪滿磁磚才算善盡職責。我們需要車道、路道，我們不要落葉、草徑，因此我們乾淨得滴水不漏，可是，我們的腳真的有這麼喜歡踩踏在磁磚地上嗎？

一回我進入這樣的一所小學，一進校門放眼所及，整個地面到牆面全是磁磚，連鑿個洞種樹的空隙也無，沒有半點綠意，這種空間真是讓我不解到了極點。學校老師想了一下告訴我，建校之初校門不是這樣的，經過第二任校長整理之後成為眼前現狀。是的，一任校長一個樣，掀了再蓋，蓋了再掀，這就是我們的校園生態，任何一塊透氣的土地，它總會被蓋起來的，我們的磁磚文化哪有準則可循，除了被稱為二丁掛的磁磚，我們連真正的馬賽克藝術也不曾聽聞啊！環境教育說了很多年，可是我們的生態校園若要觸動末梢神經、相融到生活裡，看來還遠得很呢！

（三）

美國知名作家莎拉．史坦因（Sara B. Stein）有一本著作叫《生機花園：與野生動物共享的花園觀》，每當在校園裡談論生態議題時，這是我極愛推薦並與大家分享的著作之一。

史坦因在書中初始以文盲園丁自嘲，但在累積了十幾年的園藝經驗之後，以過來人的身分暢談生態學與園藝學大相逕庭的地方，直指美國式整潔清爽的造園及園藝傳統，早已將鄉村的生態破壞殆盡。她敘述了她如何從傳統園藝中叛離，恢復土壤的富饒，一旦喚回失蹤的動物，栽種出能夠自理的花園，不但省力省錢，同時也建立了一個野趣蓬勃、生機盎然的世界。這是史坦因的經驗，透過長期的冒險，她成了一位睿智的園丁，傳達出宏觀的訊息，成功地展現了浩繁生命永續的範例。

她指出人們不喜歡蛇類，園藝專家視蚜蟲為惡敵，而生態學的觀點則認為所有生物相依共存，土地並非人類獨有，只有當人類學會與萬物並存共處的時候，才是大地的希望。蛇類在生態食物鏈裡屬於較高位階，有著生態環境食源豐富的表徵，我們怕牠不是因為牠真的可怕，而是緣於我們並不了解牠。自然間自有其相互與共的綿密交織，如果沒有隱花果小蜂，就沒有愛玉；如果我們捨棄了毛毛蟲，也將會失去蝴蝶；如果我們失去某一種昆蟲，也將失去某一種鳥類。像骨牌效應一樣，一路傾頹下來的將是面而不是點！

從生態學的觀點看，傳統園藝學有許多值得省思與商榷的地方。園藝學完全以人為本位，造景師缺乏生態認知，一味培育出裝飾性的植物，既不在乎生物間的互動、能否提供食物與花朵，也不在乎是否適合當地自然環境。園藝與生態最大的不同，是園藝只求景觀，把地上的一切清除，只種自己要的；自然生態則如大海廣納百川，不拒細流，風吹、鳥飛、動物的糞便都會帶來種子，適合的地方萬物就會生長。因此，史坦因大力主張園林造景應注意多樣性，以涵括不同生態區為準。她詳細地討論了最能復育土地、使土地富饒的原生草原，以及溼地、林地、灌叢等多元生活空間。

史坦因讓我們覺醒，因為她結合了生態與園藝。以我們的校園為例，許多學校為了維護一片綠意如茵、雜草不生的韓國草坪，花費了大量的人力物力，可是在這嬌養美麗的表象下，它實則扼殺了許多生物的生存機會，象徵了生態的貧瘠與匱乏。這種死寂的顏彩，像芭比娃娃一樣美麗，可是沒有生命，青蛙不來，蝴蝶不舞，鳥不鳴唱。以今天的環境，學校這樣一個難得的空間，史坦因給了我們不同的省思，一座校園應當同時扮演生態的功能，不應只停留在裝飾的表象。

校園是一個人為經營的地方，可是園藝造景之外仍有許多發揮的空間。以草坪為例，不能以人的單一美學為準，面對韓國草坪耗時費力，最好的就是野放，很快地就會有生性強健的原生草株進駐，任其自然，百草爭榮，一旦多樣豐富，各種生物也跟著進入，適時修剪一樣美麗。史坦因的觀念是以省力又省錢的方式，讓植物能夠自理，掌握生態的原則。選對植物，少去干預，土地自會生生不息，周圍的許多生物也會多出一片自在的空間。

（四）

我也曾在都會一所校齡十年上下的學校服務，這所學校雖在鬧區，但位處都會盆地周沿，校舍依淺山小丘而建。一回我在教室上課，一對瘋狂的紅嘴黑鵯一路追逐，從廊外俯衝，直直穿入教室，尖聲嘶鳴，追得嘰嘰嘎嘎，在教室裡踉蹌打了兩個迴旋之後，於眾人睽睽錯愕之下終於找到出路，揚長而去。那時節正值春天，真是好不失態，我想是交配期吧，萬物都會失卻理性。但這也證明校園裡物種不少，四圍生態尚稱豐富。

校園裡的植物當然不外園藝植株，聊表綠意而已。但我每日來去非常歡喜，因於地形與四圍環境，校園裡總有許多潛在的變化與滋長。我不時發現階梯旁有一株及膝的山黃麻，車棚下多了一株小血桐，中庭角落有一棵正在成長的構樹，白匏子也在悄然竄生，結實的野桐已高過人身，長在花圃裡大有攻掠地盤的態勢，面對這一方園圃，不久的將來，勢必取而代之。

山黃麻、血桐、野桐、構樹、白匏子都是台灣低海拔城鄉最常見的先驅植物，它們生長快速，是次生林裡的喬木，小小的花和果，為鳥類、昆蟲帶來蜜源和食物。這些老天的栽植，不勞人力費心，我每天進出校園，心裡暗自歡喜，不久的將來，車棚旁將有一株血桐蔽蔭；沿著階梯拾級而上；將有一株山黃麻迎風招展；構樹將提供食物……。一回學校裡辦生態研習，主講者帶領老師校園尋覽，也特別提到校園裡的生態，這些非人為栽種的植物是很好的生態教育。而我認為，學校裡的這些先驅植物帶動時間的流淌，並為過程留下痕跡與見證，它們自來自長，隨著歲月它們茁壯，它們改變地貌，它們的成長也將記錄了校園裡的一段流光歲月。

可是，一個暑假之後，因為整理校園，它們全被殲滅。

自然自有它的機制，梭羅（Henry David Thoreau）說他花了四十年才學會自然的語言，而我們太習慣於以人為本位。研究園藝的人不知生態，所以除了人為植栽，餘者一律稱之為野樹雜草，而史坦因在她的另一本著作《我的雜草》裡，敘述雜草之用其用大矣。開學後，我站在四樓走廊，往下看新砌的花壇，銳利的邊角潛伏著危機，原來的小花道和四、五棵已近樓高的野桐全被鏟除，局促的空地代之而起的是沙坑，少了在樹冠裡來去的白頭翁、麻雀，以及我們不知的某些生物。老實說，夾在兩棟大樓之間，在這樣的空間裡，我懷疑，我們的孩子真正需要的是這樣的一種改造。

緣此之故，相對於園藝植栽，我極力倡導，校園裡至少當有一塊區域野放。行政角度立即的反應是雜草叢生，視覺景觀豈不太亂？校園綠化競賽或評比的時候一定還是要重新整理。

這可見面對「生態校園」的觀念時，我們的「校園生態」一般之反應，這緣於我們的認知不足。

擁擠的地球已經到了極限，人類正在引發第六次大滅絕，物種每日以百萬倍的速度消逝，如何邁向永續之路，延續繽紛多樣的生命早已是刻不容緩的事。這一世紀面對生態的覺醒認知，同時以最自然、最不消耗物力的方式落實，是一個必然的趨勢。

野放校園不是丟下不管，而是與生態教育結合，長期導引孩子在校園裡觀察記錄，就從身邊及生活中學習、認知生態平等與環境權的概念，所以野放校園是一種經過思考、有計畫的認知行為與教學課程。

在校園裡擇定一個適當的野放區塊，每一階段以定期拍照記錄的方式存檔。先拍攝記錄野放前的地貌，時間可依各種需要情況設定。例如，初期固定每週一次，觀察草本植物的變化；一個月後連續半年改為每月定期觀察、記錄、拍照、存檔；而後改為每三個月或每半年定期記錄、丈量一次。野放之後的校園，從初時雜草叢生，到矮灌叢，而後有先驅植物的小樹苗開始進駐，每一階段的變化都在現場註記，插上記錄的牌子，並以影像結合文字存檔。以現在的電腦、數位之精省，這樣的記錄可以永續，野放的校園不消十年必然變化驚人，漸成野林，乃至持續二、三十年，這一片不經人工種植的校園是自然的造化，每一階段均與校園中園藝造景的區塊比對，長期下來，一則屢經人為修修剪剪挖挖補補；一則見識到無形中的自然，各種生物亦日趨多樣。不一樣的地貌，兩廂物種的出現與變化，定期比對的結果，對照記錄野放區和園藝景觀區，將會有著極大的不同。

新世紀面對環境的壓力，這是必然的趨勢與認知，如果有環境永續的共識，這樣的變化就在生活中和孩子一起成長，四、五十年後的孩子面對校園中的一片野林，透過數位、電腦的存檔記錄，時時刻刻都可以將這一片地貌還原到最初。今天談環境的永續，校園裡就要有百年後的認知，台灣沒有歷史感，校園裡怎可仍然沒有遠見？

（五）

面對環境，不僅一般大眾的觀念需要提升與覺醒，即使許多相關的單位體系也需要適度的調整與細膩的認知，才能真正地深入環境並與環境契合。宜蘭冬山河的整治是一個許多人皆知的警策案例，已被討論多年，姑且按下不表。以我許多朋友在森林步道遊樂區擔任解說的經驗，常覺生態旅遊區要求的整潔和都市裡要求的乾淨應當是不一樣的。園區人員常以維護安全為由，避免蛇類等生物靠近步道，總是將步道兩側以及山壁上的植物清理得過度乾淨，這不但影響現場解說情境的豐富度，相對的也使得許多依賴草叢、灌叢掩護和維生的生物失卻依憑。因此，在人為與自然之間的整治如何適度拿捏，人類必須要突破百年來以人為中心的自然保育觀，從而建立起生態平等主義的環境權概念，才能邁入真正永續的自然里程。

這讓我想起曾經我到淡水一所山間小學和老師們談生態教學方面的主題。一進校園，我想四面環山的學校應該是生態豐富的環境，當我走入一排盆景排列得整齊有致的廊下，發現其中有株長得特別壯碩的紫色大蘿蔔。那棵做為觀賞用的盆栽蘿蔔大得出奇，葉莖分枝，開著白紫的小花，茂盛得簡直像一株小灌叢。我本能地趨身向前，覺得這般茂盛的一株蘿蔔，尤其在這樣的環境，上面一定會有紋白蝶的卵或幼蟲。生活中存在的點滴、某些隨機的線索是最好的教學素材。我原想發現什麼，可是整株大蘿蔔上乾淨得彷彿像個絕緣體，在這樣的環境，如此青翠的葉子上連一隻幼蟲也沒有，長到這麼大竟與周遭環境不發生任何一點關連，難道方圓幾里連隻紋白蝶也沒有，這樣的環境怎麼可能？實在太令我狐疑，一時覺得從生態的角度看，這校園死寂得有些可怕。我帶著疑惑上課，直到最後提出我對校園環境的不解，校長才很不好意思地說：「有有有，上面有很多綠色的幼蟲，為了保護植物，我們前不久才發動小朋友將之收拾去，這下了解，下回不會這麼做了。」

這又是校園裡錯失的一個隨機案例。

另一次我調到一所郊區小學，在校園裡和校長閒談，正好站在一株長得超大的綠珊瑚前面。綠珊瑚可防風沙，是海濱沙礫地造林植物，因何長在校園？學校屢經人事更迭當然是不可考了，但長到如此龐大，有一人多高，也算少見了。

校長說：「這樹只見枝不見葉，不知叫什麼植物？」

我回答他，並說這樹折斷處流出的乳汁有毒……話還沒說完，校長立刻說：「啊！那得趕快找人來砍了！」

那綠珊瑚長到這麼大，也沒聽說出過什麼狀況。再者，校園裡的有毒植物可多了，舉凡軟枝黃蟬、聖誕紅、使君子、馬利筋、黃金葛……不勝枚舉，砍得完嗎？是砍掉好呢？還是立個解說牌，教孩子認識一種植物好呢？

這和「給孩子魚吃，還是教他釣魚的方法」是一樣的道理，只是除卻人類中心主義，我們還有一條遠路要行。即使在校園裡野放某一區塊，對既有的植物也不必趕盡殺絕，大自然自有它的機制。教孩子認識環境與生態，校園裡是個大有思考空間的地方。

（六）

由於生態學的發展，近世紀產生了生態平等主義的環境權概念，這正應了老子所說的：「世人皆知美之為美，斯惡矣。」隱含了人類面對環境的壓力，已經到了最後的階段。

美國的環境權史演進至今，被譽為美國近代環境保育之父的智者，阿爾多．李奧帕德（Aldo Leopold）將人倫延伸到土地的倫理，這個土地倫理的規範擴展了群集的界限，同時納入土壤、水、植物和動物。他的土地倫理有三個重點：一是倫理學的生態與社會演化，一是土地金字塔的意象，一是生態良知。面對生態環境，他有一個清楚簡明的判準，即「一件事傾向於保存生物群落的整體性、穩定性與美，便是對的。否則，就是錯的。」所謂的整體性即是生物群落多樣性的保持；穩定性是指土地健康，也就是保持生物金字塔的結構；美則超越經濟價值，一如梭羅說看到一棵樹，他想到的不會是它可以搾出多少精油、製成幾個箱子一樣的道理。這是李奧帕德被引用得最廣、同時也被奉為圭臬的準則。

以此思考我們的周遭，土地的元氣與地景的恢復都需要時間，舉例言，如果在極短的時間內可以把環境復育成一個以螢火蟲為主題的景觀校園，便要省思一時在溼地放養三、四十公斤的蝸牛，是否太過於急功。自然極其細膩，物種間的消長，環節極為綿密，人類的粗糙，不能坐擁自以為是的想像。一如狼多了鹿就會少，鹿多了草原就不足，沒有了狼的荒野就是獵人的天堂；而原野一聲狼嗥，熟悉這聲音的水鹿、牛隻、放牧人與獵人都因自身的利害而各有不同的反應，只有山穩穩地坐著，它什麼也沒說。我們看不到土地的全部，但是我們將承擔自身作為的後果，也許避得過一時，但避不過一世，該來的早晚會來，就像屋頂上的賞鳥亭，曲水流觴，不出幾年，帶來的是鬼魅一樣的衰敗殘痕。

校園要關照到物種的豐富和多樣，當然不能只是景觀植栽。校園雖然是一個人為建造的空間，在園藝造景之外，樹種的選擇大有種種用心的可能。例如，果樹、蜜源植物會為生物帶來食源，也為孩子帶來花果的認知與喜悅。開花的大樹帶來強烈的季節感，也為生物提供良好的停棲空間。花落時節滿地繽紛，面對自然鋪陳的大地，校園裡是否在當下一定需要每天打掃？這些都提供我們思考如何感受詩意的自然與季節的美。許多學校抱怨落花孳生蚊蠅、帶來髒亂，其實罪不在樹，而在大樹下，地面被鋪滿了磁磚或者塑料PU，斷了大地的呼吸。在校園裡適度地釋出某些空間野放，結合課程教學，是對土地、自然與萬物的尊重。

老子說無為，面對校園這是至高的陳義，但，到底什麼是無為呢？

以鯀和禹治水為例，鯀以築堤的方式隔絕水患。上善若水，水至柔也至剛。鯀不斷地築堤，水也不斷地潰堤。禹以疏導的方式，為無堅不摧、無剛不毀的水找個出口，一旦萬壑澎湃、洪流衝撞的時候，洪流有了出口，大河奔騰便一路迤邐而去。

鯀治水就是大有為，禹治水就是無為。

所以，無為不是不做，而是適其性、順其自然去做。今天我們的周圍，不僅校園，面對政治、社會、家庭都是大有為的人多，真正懂得適情適性、順其自然而為的人少。有為相對於無為，無為不是不做，如何順其自然去做，此乃大積極、大智慧。比起大有為，無為顯然太難，至高的陳義，它需要有心的人去領略。

我們說人定勝天，今天面對環境，人定勝天的中間應該加個逗點，不是人一定勝過上天，而是人定了之後，深思細審，才知道什麼叫做勝天。

綠地已經不多，還在減少之中。未來的生活空間，尤其都市，除了公園是必需的綠地之外，還可能有較大空間的區塊就是校園了。這些地方除了節制性的人工規畫，大部分的空間都應歸還給自然，人為役用的空間已經大大超出了該有的比例範疇。所以不僅是校園，甚至都市裡的公園，相對於高度商業的城市，若其中也有一片自然的都市野林，這種極度前衛的對比，在言及應如何對抗單調化、同質化與標準化的都市風格時，何嘗不是一種生動特殊的樣貌？以台北市富陽公園為例，它因於當年政治環境被列為禁區，多年下來卻意外地在都會中保留了一片野林。那樣一個人煙高度稠密的城區，轉個彎就是一片原始森林，日有眾鳥啁啾，夜有螢火蟲、大赤鼯鼠飛行，同時兼具市民健行休憩的功能，這是都市裡最後一塊珍寶。獨一無二的綠色翡翠，留著它不僅是人類對環境的最後一點良性認知，校園裡若能與四圍環境串連，區塊式地呼應成一個綠色廊道，當人類為物種留下一片自在的空間，也為自己留下了片段喘息的機會。

16

從五千到十八萬

書有了落腳的位置，草創之初，想什麼就來什麼，可謂水到渠成，也彷彿是冥冥中自有天惠。機會就是這樣，它總是長在，可是只給需要的人，也只被需要的人利用和轉化。

曾經我在山上教書的時候，班上只有三個孩子。攤開一本書，大家圍著一起，一人讀一段，隨著書走，每個人都在一個共同的情境裡，一會兒就讀完一本圖畫故事書。而後，七嘴八舌，討論著書中的情結，透過討論把問題弄清楚，把意思說明白。

回到都市以後，一班人數暴增十倍以上，再也不能在同一個時間共同讀完一本書，並且在共同的情境裡完成對話。上閱讀課大家各讀各的，每個人手裡的書都不一樣。有的小孩頻頻換書，蜻蜓點水，一節課下來換了十幾二十幾次，極不安定，沒有一本書可以令其安靜兩分鐘，閱讀的品質極差。

分散的閱讀無法形成對話與討論，孩子各自分散在自己的點裡，無法形成彼此的互動與衝擊。因此，如何讓書的對話在日常生活中落實，讓思考成為一種習慣，讓閱讀成為一種深度的討論。我不停在想，小學校可以完成的事情，如何也可以在大型班級裡完整落實，因此深度閱讀成了我心中的想望。

那一年學校裡來了一筆小班教學的經費，每班五千元。老師可以自由運用，添購自己認為需要的東西。我大略向鄰近周班探訪了一下所需概況，發現只要老師認為教學所需，五花八門皆可，沒有什麼限制。我什麼也不需要，直覺是我要買書。

我暗忖五千元可以買什麼書？如何可以買得又多又好？如果都買單本，小孩們仍然是分散式的閱讀，無法形成對話與討論。全班三十五人，如果同一本書買它三十五冊，全班人手一冊共讀，而後深究、討論，可是，一本，全班也只能討論一本而已。

我的重點是那些沒有閱讀習慣的孩子，以及家庭背景、社經條件不足的孩子。如果父母對教育的認知不夠，對孩子的成長參與不足，除了教科書以外，家裡可能再也沒有其他的書。這些家庭的孩子本身的能力或許沒有問題，但是學校若遺漏了某些情境，往往就永遠遺漏了，不會再有人為他補齊。

閱讀是打開眼界的一條路，這些孩子進入學校，除了教科書以外，在教室裡能跟著大家一起展開閱讀，翻開教科書以外的書，如果一學期能讀個八到十本，一年讀個將近十幾、二十本，累聚起來，六年畢業，至少也能讀個一百到一百二十本不等的書。這將近一百到一百二十本的書，我希望類別多樣，包羅各種形式、創意、主題，以及具有代表性的經典。舉凡單親、兩性、成長生活、環境關懷、古典、現代、美學、藝術、西方、鄉土、民俗……該認知的重點大要，都能含納其中。提供了情境，孩子再不愛看書，只要進入學校，跟著大家一起，該接觸的至少都接觸到了。

因此教師晨會上我提出自己的大膽構想，是不是可以把每一班的五千元集中起來，這樣就有十八萬。這十八萬，每一班都去選一本書，每一本都買三十五冊，一班的量，而後交換閱讀，這樣每班只貢獻一本，但是全校三十六班，可以讀到三十六本，三十六本經過討論，經過共同對話、深度閱讀，這是一個使閱讀扎根、讓書成為一種話題、讓書成為一種生活、使閱讀落實、使思考成為一種習慣的重要機會與方式。

老師們聽了這個建議，經過學年會議討論，獲得一致支持、一致通過。這個想法的通過，打破了教室裡的一個制式傳統，就是在班上大家人手一冊、共同閱讀的除了教科書之外，有了新的可能與新的氣象。

接著就是老師們提列書目，共同擬定書單，建構了一個深度閱讀的語文教室。第一筆的十八萬元大約添購了四十種書，每種都有三十五本。如何安置這批書呢？所謂天助自助，意外接獲某單位淘汰了一批相當數量的期刊櫃，一格一格，正好每一格放一類三十五本圖書。書有了落腳的位置，草創之初，想什麼就來什麼，可謂水到渠成，也彷彿是冥冥中自有天惠。機會就是這樣，它總是長在，可是只給需要的人，也只被需要的人利用和轉化。

如何使用這批書呢？接下來的新學期，我們利用了好幾個週三下午教師進修的時間，共同研討每本書的特色、可能運用的各種方式。為了讓孩子手裡有書，從容享受閱讀的樂趣，費了這麼大的用心推行共同閱讀，自有其特殊目的，所扮演的角色當然不只一樁。

共讀是修正孩子閱讀偏食最好的方法。對某些偏食的孩子來說，可能不會主動翻閱某些題材，但是因為共讀的關係，喜歡科學的讀了一些文學故事，喜歡文學的多少也讀了些科學知識。不知不覺中化於無形，共讀彌補偏食，它扮演著把胡蘿蔔剁碎，絞到肉裡，包進水餃中，看不見其形，聞不出其味，最後還是把它給吃下去了的角色。

共讀也是在利用同儕情境帶動沒有閱讀習慣的孩子。孩子不愛閱讀的原因很多，電視、電腦、電玩等流行固然都是誘因，當然也有的因於經濟差距，但是更大的因素在於風氣與社會的價值觀。學校課程通常有目的且功利性太強，相較於此，靜態且不具目的性的閱讀，自然就落在主流之外。因為共讀的緣故，讓某些從來不翻書、沒有閱讀習慣的孩子，有機會在教室裡跟著大家，在同儕的情境氛圍下翻完一本書。閱讀的習慣需要培養，同儕是個力量，也讓教科書以外的書，得以進入教室。

落實閱讀，共讀是最自然、最不著痕跡的方式。百本閱讀是個基礎。為了讓孩子進入書的領域，識得書的滋味，孩子沒有的我們提供，孩子不知的我們引導，能想的我們盡可能設想周到。但是百本共讀這條路不是我們真正的目的，透過這一條有限的路，共讀在誘引更大的閱讀機制，以有限換無限。共讀的目的是，我們希望生活中有書。透過這條路，書會成為孩子的朋友，讓孩子成為主動的、自發的閱讀者，懂得尋找自己真正需要的書，在成長的過程中，書會成為孩子心靈的出口。以有限換無限的百本共讀之外，像海一樣更大的空間，才是我們真正的目的。

共讀還有一個目的，是在讓孩子學會思考、提出問題、傾聽不同的意見和看法。討論可以幫助孩子把問題弄清楚，訓練孩子說話的能力，把想說的意思說清楚，但是，討論有助於知識、思考的成長，卻不保證問題的解決。深度閱讀要掌握一些基本原則，如何導引，適切掌握關鍵，其中觸媒的轉化與恰當的討論用語，在對話與思考中成了一種重要的經驗。

共讀的重點當然不在小學的詞章句讀上用工夫。這並不表示詞章句讀不重要，而是在共讀裡，我們希望孩子經由討論，學會思考、傾聽、對話和表達，是各有不同的輕重取捨。透過閱讀，已知的部分會帶領孩子進入新知的領域；形而上的思維，會更深化孩子對詞章句讀的靈活轉換與應用。打開一本書，質感的記憶要比目的性的考試來得長遠深刻。

我們期望孩子在閱讀中學會思考，經由對話和表達，我們更期望孩子從其中學會傾聽。傾聽的重點不僅在表面，以安靜的態度表示對說話者的尊重，那只是一種基本上的禮貌。傾聽更重要的是希望孩子能當下掌握說話者的重點，同一個問題有兩個人或三個人發言，孩子能當下判斷這兩個人、三個人說的各有什麼不同，在對話中專注地傾聽，對孩子而言是個重要的提醒與學習。

閱讀這一條路，單一側重於質，或單一側重於量，都不免失之一偏。從教育的立場面對閱讀，質與量的兼顧，身為教師不可沒有全觀的認知。共讀希望孩子學會思考、傾聽、對話和表達，重在質的深耕，但是以有限寄望無限，班級共讀和學校圖書館是不同的營造策略。共讀誘發孩子成為主動的、自發的閱讀者，懂得尋找自己真正需要的書，透過質的深究，以學校圖書館作為量的延伸，正好全觀地拓展了質與量並備的視野。

總的來說，以上不過是彰顯的、外爍的目的，共讀所帶來的潛隱的優質，還遠在這些之外。根據我多年來的觀察，我們的生活中充斥著電視、電腦、電玩等等的語言，若要落實閱讀，讓生活中也有書的語言，把孩子帶入書的領域，在共同的氛圍下識得書的滋味，陪著孩子走一段路，共讀是非做不可的事；尤其面對社經條件不好的孩子，共讀更是唯一徹底落實的方式。

從五千到十八萬是一個成功的累聚，踏出了順利的第一步。閱讀是打開孩子眼界的一條路，深度閱讀是不可少的方式。我們的語文教室預計要為孩子建構約一百本書，這一百本是共同閱讀，藉著討論讓不同的思考在空氣分子間撞擊流竄。而後，這一百本之外，我們的下一步是要建構一個豐富的圖書室，放歸孩子自由閱讀，因為好書人人會選，各有品味不同，再怎麼選都有遺珠，不可能納盡所有的經典品目。而且不同的孩子需要不同的書，一點一滴的累聚，下一個階段的進行，閱讀的情境才更有周延性。孩子的閱讀不能等待，也不該等待，如何明確地落實，從五千到十八萬，是我們清楚邁出去的第一步。

17

找到自己的書

每個孩子都不一樣，每個生命都有一個成長的密碼，成人要懂得解讀……孩子的密碼並不會艱奧難尋，它絕對存在一點一滴的日常生活中，只是成人常錯失那靈光一閃的片段。

阿怡是個閱讀型家庭長大的孩子，父母擔任教職一路進修，從小學一直任教到大學，是個不看電視的家庭。阿怡四歲的時候就認識許多字，沒有人教她，她自己就會讀很多書。她的識字從模仿開始。

小時候，她母親為她買了很多錄音帶，孩子的特性是生性單純、記憶力強，錄音帶裡的故事聽了之後過耳不忘、倒背如流。可是她發現父母總在看書，所以她也要書。媽媽順手就把錄音帶附贈的書遞給她。她大字不識一個，裝模作樣，誰知道，還真把眼睛和耳朵對起來了，書上的字與聽來的故事對照得一字不漏。就這樣，她認得很多字，還沒學注音符號就已經開始閱讀了。對許多透過注音符號認識國字的小孩來說，她剛好相反，經由聽而識字，注音符號一個也不會，學齡前就這樣自己玩，但已經讀了很多有趣的故事。

她三年級時，有一次來我家，從書架上抽出一本九歌出版的年度散文選集，蹲在書房一角就不動了，完全無視我的屋裡還有許多小孩喜歡的把戲。我看她一臉專注，手裡捧著一本文字密度極高的成人書，遂狐疑地問：「你看得懂嗎？」她半晌才抬起眼皮，用那種沉浸在情節裡的眼神掃我一眼，算是應答，又回到書裡去了。孩子的閱讀習慣如何、文字對孩子有沒有吸引力，看孩子對書的態度就知道了。她母親說她拿到什麼都看，隨便撿個小紙片也不放過，嗜字如命；許多孩子是看電視長大的，就另外一個角度言，她算是啃字長大的吧！

這個孩子後來進入陽明醫學院的牙醫系就讀。有一天我開她玩笑說：「許多醫師後來都改行當作家，日後你會不會發現當牙醫多麼無趣，每天睜開眼，看的就是一口爛牙，也想改行？」她笑嘻嘻地回答我：「我怎麼會知道呢！」人生的轉折處那麼多，每一個路口都有各種可能，重點是籌碼有多少、準備好了沒有。每個人手裡會有多少選擇可都不一樣哩！

第二個例子是我班上一個三年級的孩子，就是先前提到的李仔。那時隔週休二日，逢到要上課的週六屬於田園課程，我們做戶外的自然觀察記錄。每一次，李仔交回來的觀察筆記永遠是「葉互生，葉片革質，花五瓣，色黃」諸如此類不帶絲毫情感的文字。我說：「那天的天氣如何，你可以寫一寫吧？心情是是否快樂，可以寫一寫吧？」他看我一眼，理也不理就走了。寫起作文來也是一樣，三言兩語重點交代一下，點到即止，完全不具任何情感，我和他母親都覺得真是傷透腦筋。

那一年班上的小女生都在看安徒生與格林童話之類，為了誘引他看書，我說：「你看姿婷她們都在看白雪公主，七個小矮人很好看，你去跟她們借……」

哪知我的話還沒說完，他扭頭就走，誇張的聲音裡丟下一句：「哦——那些有的沒的。」

他什麼書也不看，連漫畫也不看，可是他口袋裡成天插著一本昆蟲圖鑑，在校園裡盪來盪去，一有機會，就看他神情專注蹲在邊區一角，一手拿著昆蟲圖鑑，一手比對校園裡的昆蟲。他什麼書也不看，可是他看的是三年級的孩子沒辦法看的生冷圖鑑。他對許多昆蟲的特徵、習性、食源瞭如指掌。自然課要上昆蟲這個單元時，前一天放學他就把午餐吃剩的西瓜皮放到校園最靠山邊的灌叢，第二天一早把西瓜皮拉出來，上面有一堆正在啜飲西瓜汁的鍬形蟲、金龜子、金花蟲……正在吃早餐呢。別的孩子滿山尋蟲，他以逸代勞，拈著一塊西瓜皮走進教室，上面的昆蟲比誰都多。

起先我誘引他去看童話，是因為這類書適口性強，讀起來不費力，情節充滿想像，容易閱讀，對缺乏閱讀習慣的孩子來說，這或許是可以誘引的入口。哪知，他回我一句：「那些有的沒的。」之於他的作文以及觀察筆記，為什麼總是「葉互生，花五瓣，色紅」之屬，現在知道了，原來這是他的圖鑑文字。對他來說，那些天馬行空、虛擬的情節、我們認為充滿想像的部分，他一概統稱為「有的沒的」，是無法吸引他的，他要的是真實的、具體的、有形有線、看得見摸得著、翻開書就可以清晰比對、如實觀照的東西。

投其所好。既然他這麼喜歡昆蟲，有一天我告訴他媽媽，東方出版社有一套兒童版的法布爾〈昆蟲記〉，共八本，全是文字書，沒有注音。對於只看圖鑑的李仔來說，推薦他看這一套全是文字的書，我完全沒有把握他是否看得下去，可是我抓住了一個關鍵，書與他之間有一個共同的交集，就是昆蟲。

李仔的母親很早就發現兒子對昆蟲有著明顯的興趣，在配合與支持的情形下，真的為兒子買了一套法布爾的〈昆蟲記〉。這以後，每天上學他書包裡都帶著一本。我有時看他把書挾在胸前搖搖擺擺走進校門，下課時分就坐在位子上一頁一頁靜靜看他的〈昆蟲記〉。

班上的孩子飛來撞去，下課時間整個教室雞飛狗跳、喧聲擾嚷，沸騰一片，就他安安靜靜，一臉專注地讀著他的法布爾。我在教室裡忙來忙去，看在眼下，只要走過他身邊，必然會調侃他兩句，走過去丟下一句：「哇！這麼吵，虧你還看得下去。」走過來丟下一句：「像這種情形，我只能看武俠小說。」我說我的，他是動也不動，眼皮也不抬一下。

但是，漸漸地，他把法布爾看完，有趣的故事來了。

一天，我們又上戶外觀察課程，全班走在學校旁邊的步道上。窄窄的一條羊腸小徑，大夥走成細細的一條螞蟻路，我走在中間，李仔還在我後面。走著走著，前面的孩子大叫：「啊！大便。」大家倏地向兩邊跳開，彷彿殺出一條血路，我成了排頭。李仔在我後面，聽到大便的反應是兩眼發光，立刻跳到路邊，撿起一根竹枝衝上前，蹲下來就用手裡的竹枝去攪動那一堆大便。這個時候，我們全班的孩子只有一個動作，一致一手捏著鼻子、一手指著他大叫：「唉唷！好噁！」而李仔一臉自信、肯定明確、不為所動，一邊攪動大便、一邊大聲地說：「法布爾老師說有大便的地方就有糞金龜，法布爾老師敢弄大便，我也敢弄大便。」我是他們的老師，站在外圍靜靜地看完全場，一句話也沒說，可是我被他一臉的神情感動。真是乾坤朗朗、聲滿天地。我們說，自反而縮，雖千萬人吾往矣！自反而不縮，雖褐寬博也會嚇得發抖。當大家眾目所視、眾手所指的時候，李仔的一臉自信，肯定明確來自於哪裡？老實說，來自於他的閱讀，來自於他的專業認知，來自於那一堆大便的意義對他來說和別人是不一樣的。

誰知，當下還真的讓他給攪出一隻糞金龜。他捏著糞金龜一個箭步跳到我的面前說：「老師你看！」當下那一剎我深刻覺得他是操縱者，我是被操縱者，我本能地順從他，伸出手說：「喔！」可是，即刻就後悔了。

他手上的糞金龜才從糞堆裡出來，頭胸和肢節之間夾著黃黃的餘糞，是連大便的稀軟度都可以透過視覺判準的當下。臭氣熏人，他手未至，我已屏氣止息，佯作鎮定，心中暗叫天啊，可是，手是抽不回來了。

他一臉熱切，把糞金龜放到我的掌心，急急地說：「這是條足糞金龜，你看牠前面兩隻腳，扁扁的，就是用來搓糞球用的。」我一臉唯諾，心裡卻想夠了夠了，可是老實說，這是我生平第一次看到糞金龜。

我也讀〈昆蟲記〉，卻一直以為糞金龜是法國鄉下的昆蟲。我知道這個被稱為聖甲蟲的糞金龜會倒推著糞球走路，在埃及的古文明裡被奉為圖騰等等。我知道是因為我閱讀，書上是這樣寫的。可是走在路上看到一堆糞便，我絕對不會像李仔那樣興致高昂，蹲下來攪動到如此熱切的地步。透過李仔，這是我看到在閱讀中成人不如孩子迅猛的地方，可是也因為這樣，我看到了他的罩門所在，法布爾是他的偶像，從此以後我對他講話言必稱法布爾。再看到他交來的筆記，是諸如「葉互生，花五瓣，色黃」之類，我就說，拜託拜託，「人家」法布爾也沒像你這樣，你看「人家」法布爾……

法布爾怎樣呢？

科普閱讀在今天這個時代備受肯定，科學人極力要把科學的門檻降低，透過科普閱讀，誘引更多的人進入科學的堂奧，可是在當年，法爾布寫〈昆蟲記〉的時候是備受質疑的。

科學要求的是極度嚴明、客觀、清晰而冷靜的態度，法布爾在寫〈昆蟲記〉的時候，則大量引用了希臘神話、荷馬史詩、哲學思考、民俗故事……，林林總總，有許多動人的情感鋪陳，這些都是李仔統稱的「有的沒的」。

當年大家對待科普的態度不那麼純熟，法布爾與諾貝爾文學獎也擦身而過，科學人質疑他，文學人也質疑他。科學人認為〈昆蟲記〉裡大量引用了與科學無關的東西；同樣的，文學人也認為〈昆蟲記〉裡引用了大量非文學的科學知識。科學人不看好他，文學人也不看好他，可是法布爾對自己的記錄，認知可是非常清楚而明確的。他要的是一個活潑潑的現場，而不是實驗室裡生冷的切片。他說：「將來你們的東西都會消失，但是我的記錄會一直流傳下去。」的確，在各種科學電子顯微器材極度發達、不斷推陳出新現代化的今天，那個時代實驗室裡的切片記錄早就失去了存在的價值。可是，第一個把科學帶到戶外的法布爾，他的第一手現場直觀記錄，正是今天最需要的部分。

對李仔來說，我老師講話是沒有用的，可是法布爾非常管用。言必稱法布爾的結果，他漸漸有了改變，寫觀察筆記的時候會用比喻，會描寫自己的心情，會表達心中的期待。以他四年級的飼養獨角仙的觀察筆記僅摘取其中片段為例，他的改變可以如斯：

86年7月30日

今天我和媽媽還有外婆去行天宮拜拜，我想到李平常跟我說的木生昆蟲博物館在行天宮附近，我們就去找木生昆蟲博物館，結果找到了一家專門賣昆蟲用具的商店叫做「六足」。我們問了一些養獨角仙的問題，然後買了四色腐質土回家，是要給獨角仙產卵用的。回家以後把腐質土放進水族箱裡，爸爸又加了一些蛇木屑，他覺得這樣可以增加腐質土的分量。

我們把獨角仙一放進水族箱，獨角仙就鑽近土裡了。從此我們不再把牠們隔開，因為如果獨角仙打架，打輸的那一隻就可以躲進土裡。

我覺得獨角仙雄蟲比較少的原因，大概是因為雄的太愛打架，都打死了。還有別的可能，那就是大家都喜歡雄的獨角仙，因為雄的比較漂亮。

我們還在土上面放了海邊撿到的木頭，讓牠們有時候也可以躲在木頭底下。我們給獨角仙的木頭是海邊的，因為海邊的木頭比較沒有細菌。

這以後，李仔的母親也抓住了他的罩門所在。言必稱法布爾的結果，利用法布爾策動他學了許多他本來不願意接觸的東西。後來他又主動學了素描、攝影，在自主學習下，懂得去找自己需要的東西。

這個孩子後來上了高中，他的母親很得意地傳一篇他的另類觀察寫作，敘述他往動物園路上的觀察紀行，且摘錄如下：

> 和煦冬陽下的午後，我站在道南橋上往下看，有一個人站在芒草叢與景美溪間三尺寬的土地上揮動釣竿。午後的斜陽讓釣竿反光刺眼，我看不見那人的臉龐，不過他的任何眼神我都能想像，所有釣魚人的表情，釣魚時都全神貫注在那載浮載沉的浮標上。必定，他也是，而這不正是我現在的影子嗎？

我是個反對人們釣魚的人，因為就疼痛的感覺而言，生物對痛的苦受，鉤在人身上的倒刺，和鉤在魚身上是一樣的。我在學校教書時，中年級國語課本有一課談「釣魚」，課文中說，釣魚是正當的休閒活動，可以培養人的專心和耐心。培養專心和耐心的方法很多，但這是在用錯誤的行為教對的觀念，我對此很不以為然。

但單就這段文字而言，這只是其中小小的一段摘錄，已見出善於鋪陳的細緻與感性。想像得到是「有的沒的」嗎？這一段文字的源頭，正是那種不帶絲毫情感、純粹的圖鑑式語言。

我有一次和土城清水國小的老師分享這個故事，一個老師感慨地說：「我今天真該邀我妹妹來聽這個故事。我妹妹家就有個這樣的昆蟲小孩，可是從開始他就是被責難的對象，只被打壓……」

每個孩子都不一樣，每個生命都有一個成長的密碼，成人要懂得解讀。因為投其所好，以〈昆蟲記〉誘引李仔閱讀，從此為他開了一扇門窗。李仔在國二的時候，所具備的昆蟲知識已經可以和一個大學本科系的學生對談。孩子的密碼並不會艱奧難尋，它絕對存在一點一滴的日常生活中，只是成人常錯失那靈光一閃的片段。這些靈光一閃的片段，常常就是雞毛蒜皮的小事，每天都在生活裡發生；堆疊起來的雞毛蒜皮可就是人生，大人如何觀照這些雞毛蒜皮，從中看出蹊蹺、領略到一些什麼，是大人的成長，也是孩子的福氣。孩子需要的是臨門一腳，如何把最對的東西，在最對的時間，踢到最需要的孩子手裡，可不是規矩方圓而已。所謂大匠能示人以規矩方圓，不能示人以巧，心靈的竅門關乎生命的素養，可是面對靈光一閃的片段，我們總是錯失一點素養的機巧而不自知。

李仔就從翻開了一套法爾布的〈昆蟲記〉開始，開了一扇門，門裡源源不斷的流動就會發生。我們樂觀地相信生命自有方向和出口，但是關鍵處，孩子需要的那臨門一腳，在時間與空間的交錯裡，如何可以適時適切地來到？家庭、學校、社會、生活在孩子周圍的父母、老師都有可以掌握的機會，那微妙的臨門一腳，對大人言是種種對生命的窺探、關注、嘗試與反芻，對孩子言則是可遇不可求的福澤甘霖。什麼是孩子最需要的？誰有能力補足？這樣的關照，關乎生命的素養以及生命的情境與彈性，否則一閃即過，孩子有可能就會失掉一扇可以開引的門。

至於阿先，是個資優生，從小媽媽就有計畫地培養他閱讀。在他要升六年級的那個暑假，他母親請我提供一些書單，因為學校圖書室早就已經找不到他要閱讀的書了。

我當下提了許多書目，說A說B說C……，阿先說讀過了，讀過了。我又提供了許多，他也說讀過了。想了半天，我說有一套很好的書叫〈昆蟲記〉，讀過了沒有。他說沒有。於是我就把〈昆蟲記〉介紹了一番，包括法布爾的林林總總。

一週後，我在他家看到他的書桌上放著一本法布爾的〈昆蟲記〉，我很高興地問他如何？哪知他撇撇嘴、搖搖頭，一副不敢苟同的神情。我一臉疑問地說：「怎麼啦？」他咬牙切齒，斬釘截鐵地對我說：「我討厭昆蟲，我覺得昆蟲非常噁心。」他是翻開看了兩頁前面的彩色昆蟲照片之後就一槍終結，連根手指頭也不肯再碰一下。

可是他看什麼呢？

這個孩子國一時，正處在升學競爭之中。有一天，我卻在他的書桌上看到一本時報出版的工商財經系列《血淚與汗水》，副書名是「談人類工作的演化」。我非常好奇他的書桌上怎麼會有一本這樣的書，他說是逛書店時買的。我當然忍不住問他購買的動機，他說：「這本書談人類工作的演化，我將來也要工作，所以對這本書有些好奇。」「那你看了沒有呢？」「看了。」「那你說說看書裡寫些什麼？」阿先還真的重點摘要把書的內容敘述了一下。這本磚頭書，我在手裡翻翻，要閱讀它還真得有些目的或者興趣。

這三個例子非常重要，就閱讀而言，足以解析許多現象。

同年齡孩子閱讀的層級差異性非常大。有一次，我在桃園一個國中輔導主任的研習裡談輔導與閱讀的議題，試著整理了一系列和成長、情緒、兩性、自我追求與肯定等相關的繪本，心想對國中生來說，繪本會不會太淺？國中輔導主任會不會認為這些全是小學生的讀物？但是我想，作為議題性的閱讀，這些繪本故事可以帶起很好的討論與對話，便試著介紹給國中的輔導主任。第二次我又去到桃園，在第二梯次輔導主任的研習裡，主辦學校的輔導主任很高興地告訴我：「我真感謝你上回介紹我們認識這一系列的繪本。你知道國中的孩子會被帶到輔導室的，都是出了某些狀況。每次推薦他們閱讀某些書，這些孩子是連根手指頭也不碰一下，第一次對書有反應就是學校裡買了你推薦的這一系列繪本，孩子拿著《星月》來找我們，問像這樣的書還有沒有！」

一個閱讀良好的孩子，三、四年級可能就定得下心來讀完一本很厚的書，但是也有可能一個國中的孩子還不曾好好翻過一本很薄的書。年齡和書是一個相對的參照，如何誘引孩子翻開他的第一本書，共讀不過是我們處心積慮設計的一條路，這條路讓沒有機會翻書、也不愛讀書的孩子，和大家一起有打開一本書的機會，但是共讀之外，像海一樣的閱讀世界才是最重要的。每個孩子都不一樣，有時同一本書無關乎好壞，一如法布爾的〈昆蟲記〉，對某甲孩子而言是非常重要的啟蒙書，但對某乙孩子來說則可能完全形同垃圾。不同的孩子需要也不同，共讀在誘引並開拓更大的閱讀世界，共讀的路之外，那個更大的空間才是我們真正的期待與目標，希望每個孩子都能找到他自己的書。

【附錄】

野性與理性——關於凌拂《甲乙丙丁》

吳明益
（東華大學華文文學系教授）

動筆寫這篇書評時，我正好讀完簡媜的《老師的十二樣見面禮》，並且因為準備到北歐旅行的緣故，行前讀了一些關於北歐的書，其中或有提到當地教育制度。撇開教材與教法的內容不論，雖然自己對教育制度並沒有研究，但以自己閱讀和出國的經驗，台灣似乎和日、韓、新加坡的情況較為接近，雖然大人一直「很努力」在修改教育方針，但孩子們被未來終將透過考試、選學校而改變人生這樣的想法所引發的愁苦情緒，就像吸取天真以壯大自己的幽靈一樣，愈成熟、愈灰暗。

雖然凌拂常被一般散文選集收錄較多的是《食野之苹》裡的文章，但她不但曾與陳木城先生合編過童詩集《童詩開門》，還與繪本作者合作過多本作品，透過尋常、親近的物種傳達珍重生態的理念。國內不少自然書寫者都對環境教育極為關注，諸如劉克襄、徐仁修、陳玉峰等人都在作品中表達過對下一代環境教育的看法，劉克襄甚且投入繪本與動物小說的創作。環境教育雖然只是整體教育的一環，卻是動見觀瞻的體系，原因在於人類文化必然是建立在自然環境條件之上的，而自然科學、人文藝術，絕不可能真正完全脫離自然環境的影響。不過凌拂與其他關心教育的自然書寫者不盡相同，她是真正的第一線教育工作者，並且往來城鄉，體驗了此地教育的差異與內在矛盾。

教育制度的建立與發展確實造成人類與其他生物成長經驗殊不相類。其他動物或者會在幼生期由親族進行「本能」的發展訓練，以奠定子代生存的基礎，較具有智慧的生物（如黑猩猩）也會類似人類進行工具使用的知識傳遞，但像人類這般發展成除本能訓練外，還必須傳遞額外知識（我發誓我在考卷上答對的一些數學、物理問題至今全然沒有在我的腦中再出現過）、社會規範、歷史記憶、藝術文化的龐雜體系，使得人類的幼生期與青春期，在心靈上面臨了其他生物難以想見的「跨越」關卡。

擔任小學教師的凌拂，是孩子最重要心靈發展階段的觀察者、教育者；她本身又對自然深切喜愛，因此《甲乙丙丁》中遂結合兩者，一面理性批判了她在教育經驗中看到的種種不平、無奈與疑義（如〈深山教學手記〉），一面感性敘述了她與孩子相處的動人故事（雖然其中多有悲傷）；自然意識則穿插其間，成為協奏。這其中我更喜愛師生的情意這部分，阿丁、阿戊、李仔、王爹、尤善憶……這些因生長環境、家庭變故而有特殊脾性的孩子簡直就像我記憶中的小學同學一樣……只是我們可能像一些老師一樣忽略了、忘記了他們存在過的自得其樂，或充滿叛逆的童年期、青春期。

凌拂是我崇拜、心儀的前輩之一，多年前在閱讀《食野之苹》時，就深被那樣編排精緻，文字細膩深得古典文風之趣的書寫吸引。不過坦誠而言，多年之後我以為《食野之苹》並非是一本「他人」絕對寫不出來的書，而現在的我以為，對一個創作者而言，能寫出別人無法寫出的書，才算是走到了一個「屬於自己的野地上」。不過《甲乙丙丁》卻很可能是這樣的一本書。凌拂以她長年的教學經驗，細膩感受孩子們的天性，結合大自然的造化在某種情境下耦合，才得以完成的一本書。書中凌拂深受中國古典文學薰陶的文字，出現了一種奇妙的節奏感，不再讓人感覺「古意」，卻已形成她自己獨特的語彙風格。

我特別推薦教育工作者、家長閱讀這本書，當然並非是自己仍天真地以為一本書就可以解決一個問題，教育畢竟是太龐大的體系，其中確有許多用心良苦卻未必就能事事圓滿的機關所在。凌拂一面希望讓充滿野性的孩子各得其所，一面也要盡教育體制內的責任，讓他們了解「人與人之間的分際」，這永遠是基礎教育中最艱難的一環。不過野性與理性相觸所產生的巨大拉扯，恰好也成為本書最具張力的所在。

修這篇稿子時我人仍在北歐，已在多個城市的營地搭帳篷露營（露營對歐洲國家的人來說，是親子關係很重要的發展場景），因此多少得以較一般觀光客稍稍接近觀看北歐人的家庭文化。我剛到哥本哈根時，就聽說丹麥的小學生，一點鐘就下課，多半沒有「家庭作業」，而父母親也有暑假，讓他們得以真正陪伴孩子度過成長期。誠然，每個文化體所形成的社會體制殊不相同，這一套模式移到台灣未必就行得通。一個父母必須上班到五點，甚至還要繼續加班到深夜的國家，一點下課的孩子怎麼辦？這就是教育，如此細膩，而且無法投機拿別人的方式來搪塞、移植。

幾天前我在哥本哈根市政廳廣場看街頭藝人表演時，一個年輕的雜技表演者玩笑似地對圍觀的觀眾說：「我是『人』，我不是電視機，我有感情，會感受你們的反應。」這多像我們小時候一直不敢對「大人們」說出的話。必須經驗複雜教育才得以成為「大人」的人類孩子，愁苦從來極少被已渡過那段時間的大人知曉。我想起奧茲（Joyce Carol Oates, 1938-）在她的ＹＡ小說《大嘴巴與醜女孩》裡藉小說主人公說出的那段話：「我稱目前是空洞歲月，就像今天是空洞的一天，眼下是空洞的一刻。每件事都像吐司烤焦一樣苦，或者像體育課後脫掉的襪子一樣難聞。」

我在旅程中反覆閱讀《甲乙丙丁》，想著我們是否給了我們的孩子像體育課後如同襪子一樣難聞的童年以及青春期？寫到這裡，我不禁想到自己已經「長大了」，從一個被教育者變成體制內的「教育者」（雖然我始終懷疑自己夠不夠格）。這個問題不再應該是我們的孩子承擔了，不再應該是我們的孩子承擔了。

（原載於《文訊》雜誌第二六三期，二〇〇七年九月）

甲乙丙丁
十七個寬容等待的教學故事

作者──凌拂

主編──林孜懃
編輯協力──陳懿文
封面設計──唐壽南
內頁設計──中原造像股份有限公司
封面・章名頁繪圖──丘瑾
企劃統籌──金多誠・陳佳美
出版一部總編輯暨總監──王明雪

發行人──王榮文
出版發行──遠流出版事業股份有限公司
地址──台北市南昌路 2 段 81 號 6 樓
郵撥──0189456-1
電話──(02)23926899
傳真──(02)23926658
著作權顧問──蕭雄淋律師
法律顧問──董安丹律師
輸出印刷──中原造像股份有限公司
□ 2014 年 5 月 1 日 初版一刷

行政院新聞局局版台業字第 1295 號
定價──新台幣 300 元（如有缺頁或破損，請寄回更換）

ISBN 978-957-32-7406-3
YL 遠流博識網 http://www.ylib.com E-mail: ylib@ylib.com

國家圖書館出版品預行編目(CIP)資料

甲乙丙丁：十七個寬容等待的教學故事／凌拂著.
-- 初版. -- 臺北市：遠流, 2014.05
面； 公分

ISBN 978-957-32-7406-3（平裝）
1. 教育 2. 文集

520.7 103006602